Como Distinguir o Bajulador do Amigo

O livro é a porta que se abre para a realização do homem.

JAIR LOT VIEIRA

PLUTARCO

COMO DISTINGUIR O BAJULADOR DO AMIGO

Introdução, tradução e notas

Maria Aparecida de Oliveira Silva
Graduada em História. Mestre em História Econômica
e Doutora em História Social (USP)
Pós-Doutora em Estudos Literários (UNESP)
Pós-Doutora em Letras Clássicas (USP)

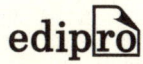

Como Distinguir o Bajulador Do Amigo
Plutarco
Introdução, tradução e notas: Maria Aparecida de Oliveira Silva

1ª Edição 2015

© desta tradução: *Edipro Edições Profissionais Ltda. – CNPJ nº 47.640.982/0001-40*

Todos os direitos reservados. Nenhuma parte deste livro poderá ser reproduzida ou transmitida de qualquer forma ou por quaisquer meios, eletrônicos ou mecânicos, incluindo fotocópia, gravação ou qualquer sistema de armazenamento e recuperação de informações, sem permissão por escrito do Editor.

Editores: Jair Lot Vieira e Maíra Lot Vieira Micales
Produção editorial: Fernanda Rizzo Sanchez
Revisão: Erika Horigoshi
Projeto gráfico e editoração eletrônica: Estúdio Design do Livro
Arte da capa: Estúdio Design do Livro

Dados Internacionais de Catalogação na Publicação (CIP)
(Câmara Brasileira do Livro, SP, Brasil)

Plutarco
    Como distinguir o bajulador do amigo / Plutarco ; introdução, tradução e notas Maria Aparecida de Oliveira Silva. – São Paulo : EDIPRO, 2015.

    Bibliografia.
    ISBN 978-85-7283-932-7

    1. Plutarco – Crítica e interpretação 2. Plutarco – Ética I. Título.

15-04667   CDD-171

Índices para catálogo sistemático:
1. Plutarco : Sistemas éticos : Filosofia moral   171

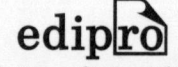

edições profissionais ltda.
São Paulo: Fone (11) 3107-4788 – Fax (11) 3107-0061
Bauru: Fone (14) 3234-4121 – Fax (14) 3234-4122
www.edipro.com.br

SUMÁRIO

Introdução, 7

Como distinguir o bajulador do amigo, 21

Bibliografia, 123

    Edições e traduções consultadas, 125

    Livros e artigos, 126

Introdução

O presente tratado segue uma linha de pensamento plutarquiano sobre a importância de um indivíduo estar cercado de bons amigos e, quando isso não for possível, que saiba tirar proveito dos seus inimigos[1]. Há outro tratado intitulado *Da abundância de amigos*, que encerra a trilogia plutarquiana sobre a temática da amizade[2] e discute a questão da seletividade necessária dos amigos[3]. Plutarco dedica seu tratado *Como distinguir o*

---

[1] Consultar a tradução desta coleção: *Como tirar proveito dos seus inimigos*. Tradução, introdução e notas de Maria Aparecida de Oliveira Silva, de Plutarco. São Paulo: Edipro, 2015.

[2] Convém ressaltar que o conceito de amizade entre os helenos, também à época de Plutarco, trazia um significado diferente do de nosso tempo, uma vez que não estava acompanhada de um sentimento afetivo como em nosso tempo. A natureza afetiva da amizade é algo moderno em nosso mundo; antes disso, a amizade era uma espécie de relação de interesses, que se estabelecia mesmo entre parentes. Consultar: David Konstan. Greek Friendship. In: *The American Journal of Philology*, v. 117, n. 1, 1996, p. 72.

[3] Em geral, os especialistas na obra plutarquiana reconhecem os três tratados citados como integrantes de uma tríade sobre o conceito de amizade, mas Ana Jiménez San Cristóbal, em La noción de amistad en el *Adulatore et Amico* de

bajulador do amigo (Πῶς ἂν τις διακρίνει τὸν κόλακα τοῦ φίλου) (*Pōs àn tis diakrínei tòn kólaka toū phíliou*) ao amigo Antíoco Filopapo. De acordo com Puech, Filopapo atua como um modelo de homem político[4] para Plutarco, especialmente por sua administração em Atenas[5]. De fato, a preocupação de Plutarco está em advertir os homens que detêm o poder sobre os perigos de ter bajuladores em seu círculo de amizade[6]. Não por acaso, afirma: "Assim, não vemos a bajulação seguindo pobres, nem desconhecidos, nem incapazes, mas se tornando uma doença e uma queda para as grandes casas e os grandes assuntos, e muitas vezes arruinando reinos e impérios" (49C).

Plutarco, *Cuardernos de Filología Clásica. Estudios Griegos Indoeuropeus*, vol. 11, 2001, p. 276, inclui o tratado *Do amor aos irmãos* nesta sequência reflexiva, o que formaria, então, uma tetralogia.

[4] A intenção de Plutarco é não somente a de ensinar o seu amigo a se proteger dos bajuladores, mas também a de manter a harmonia em seu governo. Como vemos no passo 49C, Plutarco preocupa-se com a continuidade do seu poder, pois a perda da harmonia desencadeia a sua destruição, que atinge o homem e o lugar em que ele governa. Sobre a relação entre poder e harmonia, consultar este interessante capítulo onde o autor, além de refletir sobre essa questão, relaciona o poder com a harmonia musical em Plutarco: Gianfranco Mosconi. Governare in Armonia: Strutura e Significato Ideologico di un Campo Metaforico in Plutarco. In: CASTALDO, Daniela; RESANI, Donatella; TASSI, Cristina (a cura). *Il Sapere Musicale e i suoi Contesti da Teofrasto a Claudio Tolemeo*. Ravenna: Longo Editore, 2009, p. 105-128.

[5] Barbara Puech. Prosopographie des amis de Plutarque. *Aufstieg und Niedergang der römischen Welt*, Band 33.6, 1992, p. 4873.

[6] Conforme Konstan, no mundo antigo, um indivíduo inserido no contexto deveria desenvolver suas relações interpessoais; desse modo, necessitava formar um grupo de amizades variado, com homens importantes de diversos seguimentos sociais. Consultar: David Konstan. *Friendship in the Classical World*. Cambridge: Cambridge University Press, 1997, p. 14-15.

Em tom prescritivo e didático, Plutarco adverte-nos sobre a necessidade de termos conhecimento de nossas limitações e nossas qualidades[7]. Nosso autor explica que o bajulador encontra campo fértil naquele que traz em si um desequilibrado amor-próprio[8], que o incapacita de reconhecer seus próprios defeitos, como lemos a seguir:

> Ele tem o nosso amor-próprio como uma base de operação vigorosa contra nós. Por causa desse sentimento, cada um de nós é o primeiro e maior bajulador de si próprio; não é difícil que permita a aproximação de alguém de fora, uma testemunha das coisas que pensa e deseja, alguém que também as reforce, aliando-se com ele próprio. Pois aquele que é censurado por ser afeito a um bajulador é um profundo amante de si próprio. Por causa dessa concepção de si mesmo, ele deseja ter todas as coisas belas e pensa que as tem; e o desejo delas não é estranho, mas esse pensamento é instável e necessita de

---

[7] Plutarco inova ao sistematizar, neste tratado, sua concepção de amizade em oposição à do bajulador, sendo o primeiro a se ocupar do tema de forma filosófica e a sair da simples especulação sobre o tema. Consultar: Roberto A. Míguel. La Influencia de la Tradición Clásica en la Reflexión de Plutarco sobre la Amistad. In: JUFRESA, M.; MESTRE, F.; GÓMEZ, P.; GILABERT, P. (Eds.). *Plutarc a la seva época: Paideia i societat. In: Actas del VIH Simposio Internacional de la Sociedad Española de Plutarquistas, Barcelona, 6-8 nov. 2003.* Barcelona: Universitat de Barcelona, 2005, p. 185.

[8] Plutarco discorre mais profundamente sobre a questão do amor-próprio em seu tratado *Da tranquilidade da alma*, em que estabelece um intertexto com o diálogo platônico *Timeu*. A respeito disso, consultar: Luc Van der Stockt. A Plutarchan Hypomnema on Self-Love. In: *The American Journal of Philology*, v. 120, n. 4, 1999, p. 575-599.

muita precaução (*Como distinguir o bajulador do amigo*, 48F-49A).

Portanto, o excesso de amor-próprio retira do homem sua capacidade de desenvolver a sua autocrítica e prepara o campo perfeito para o florescimento das más intenções do bajulador. Por ser um grande inimigo da verdade, o bajulador afasta seu alvo do autoconhecimento:

> Pois está sempre em oposição ao dito: "Conhece-te a ti mesmo", introduzindo o engano em cada um com relação a si próprio, e a ignorância de si mesmo, também a respeito das coisas boas e das coisas más quanto a si mesmo, porque torna aquelas imperfeitas e incompletas e estas completamente incorrigíveis (*Como distinguir o bajulador do amigo*, 49B).

Portanto, é importante aprendermos a distinguir o bajulador do amigo, antes que o bajulador arruíne a vida de quem o acolhe, com sua capacidade de concordar com tudo o que pensamos. Pois o bajulador, além de nos fornecer a falsa impressão de que está nos aconselhando, também nos afasta de nossos verdadeiros amigos. O bajulador é visto por Plutarco como um parasita (54B); como tal, é alguém que traz sérios danos à vida de quem o nutre, retirando-lhe as energias, sem que lhe traga benefício algum. No entanto, identificar um hábil bajulador não é tarefa fácil, dada a sua acurada capacidade de imitar o comportamento dos verdadeiros amigos (54B-C). Plutarco acrescenta:

E a bajulação que deve ser considerada difícil de suportar não é a que passa despercebida, nem a que se concorda, nem a que diverte, mas a que é séria; pois essa enche de desconfiança também a verdadeira amizade, porque muitas vezes se confunde com ela, se não estivermos atentos (*Como distinguir o bajulador do amigo*, 50F).

Apesar de a tarefa de reconhecer um bajulador não ser algo fácil, Plutarco recomenda um expediente que julga infalível aos que estão sendo alvo de um bajulador. O bajulado deve simular uma mudança na sua situação, demonstrar uma alteração na sua sorte, de modo que sua prosperidade se mostre comprometida, pois será neste momento que o bajulador também mudará sua postura, enquanto o verdadeiro amigo vai se mostrar presente e solícito. Assim, nosso autor afirma:

Mas pode-se detectar do modo mais fácil as mudanças do bajulador, que é tal como um polvo, alguém que parece mudar de ideia a respeito de muitos assuntos, quando reprova o modo de vida que antes elogiava, enquanto aos assuntos que fazia objeção, quer aos da vida diária, à expressão dos seus pensamentos, como que as coisas se tornassem agradáveis de repente, ele passa a aprová-las. Pois se observará que ele mesmo de modo algum é constante, nem singular, nem tem um sentimento próprio quando ama, odeia, alegra-se e se entristece, mas, tal como um espelho, recebe as imagens dos sentimentos dos estranhos, dos seus modos de vida e das suas motivações (*Como distinguir o bajulador do amigo*, 52F-53A).

Outro expediente para se distinguir o bajulador do amigo é perceber que o verdadeiro amigo se identifica com as boas ações e ainda tece elogios às belas decisões, já o bajulador não faz essa distinção, ele é capaz de elogiar até mesmo as más ações:

> O verdadeiro amigo não é um imitador de todas as suas ações nem um elogiador cheio de ardor, mas somente das melhores coisas:
>
> *Pois não nasceu para compartilhar o ódio, mas o amor.*
>
> Conforme Sófocles e, por Zeus, ajudar a endireitar as coisas e partilhar o amor ao que é belo, não compartilhar do que está errado e cometer um crime em cumplicidade, a não ser que alguém, tal como se tivesse uma inflamação nos olhos, houvesse um fluido e uma contaminação espontânea por causa do contato e da convivência, preenche-se de algum tipo de perversidade ou um erro cometido pela negligência (*Como distinguir o bajulador do amigo*, 53C).

Plutarco aconselha mais um modo de se distinguir o bajulador do amigo. No seu entender, o alvo do bajulador deve testá-lo com um conselho intencionalmente absurdo, porque certamente irá concordar com a sua decisão (54A-B). Outro aspecto amplamente analisado por Plutarco é o da παρρησία (*parrēsía*), termo grego utilizado para expressar o conceito de "franqueza", ou "liberdade de expressão". Nosso autor adverte que tanto o amigo como o bajulador se servem dessa maneira de agir, visto que o bajulador tem a capacidade de imitar o amigo nisso. No entanto, como no caso do intencional conselho sem sentido, o bajulador pode ser percebido no discurso absurdo próprio de um bajulador, que não se importa com a utilidade das suas palavras, nem observa o que realmente é melhor para o seu alvo. Conforme Plutarco, é preciso observar que:

> A franqueza do bajulador se mostra aos que são experientes como sendo fraca e superficial e que não tem vigor, mas essas mesmas características utilizadas para os travesseiros das mulheres, que parecem apoiar e suportar suas cabeças, mas sucumbem e cedem mais; tal como essa falsa franqueza, que tem a característica de ser oca, mentirosa, falaciosa, exalta-se de importância e se infla, a fim de que, depois de caído e sucumbido, receber e envolver quem foi derrubado por ela mesma. Pois a verdadeira e amigável franqueza exercita-se contra aqueles que cometeram erros, tem a característica de ser salvadora e de ter uma dor solícita, tal como o que ocorre com o mel: comprime a úlcera e a purifica, mas para as outras ocasiões é proveitoso e doce (*Como distinguir o bajulador do amigo*, 59C-D).

Dentre as várias formas que se seguem como sugestão para evitar a aproximação do bajulador, destacamos a questão levantada por Plutarco sobre a ação salvadora do amigo ocorrer de forma natural e sem fadiga, mas somente para os assuntos que ele julgar dignos:

> Pois se deve trabalhar junto com o amigo, não agir maldosamente com ele, também concordar com o seu desejo, não conspirar com ele, também testemunhar a favor dele, não cometer erros com ele, também ser infeliz junto com ele, por Zeus, não cometer uma injustiça com ele. Pois não é nada desejável conhecer os assuntos vergonhosos que os amigos têm, de que modo é possível agir em concordância com ele e associar-se a uma infâmia? (*Como distinguir o bajulador do amigo*, 64C-D).

Contudo, o momento crucial para se distinguir o bajulador do amigo é quando a sorte do bajulado muda; nessas circunstâncias, o bajulado muda seu comportamento, mostra a sua verdadeira face, deixa de ser agradável e concorda para se tornar alguém inoportuno e sem palavras de conforto. Plutarco descreve esse quadro da seguinte forma:

> Porque os que são prósperos necessitam mais de amigos com franqueza e que reduzam o excesso do seu orgulho. Pois são poucos os que ficam ao lado da sensatez quando estão acompanhados da prosperidade; a maioria necessita de sensatez de alheios, curva-se diante de raciocínios vindos de fora, que eles mesmos se inquietavam e eram abalados pela sorte. Mas, quando a divindade os derruba e os despoja da sua soberba, existe nesses mesmos acontecimentos a advertência que produz neles o arrependimento. Por isso, não existe nenhuma função para a franqueza do amigo, nem de ter palavras duras e mordazes, mas como verdadeiramente

em tais momentos de mudanças (*Como distinguir o bajulador do amigo*, 68F).

Assim sendo, notamos que Plutarco divide sua obra em duas partes principais: a primeira destina-se à análise do caráter[9] do bajulador, com a finalidade de distingui-lo do amigo (48F-66B). Já a segunda está voltada para a discussão do conceito de παρρησία (*parrēsía*), ou seja, de "franqueza", ou "liberdade de expressão", em que Plutarco acredita que reside a grande diferença entre o bajulador e o amigo. Ao longo de sua dissertação sobre os referidos temas, nosso autor reflete sobre a questão do amor-próprio que, se excessivo, atua como catalizador da atuação do bajulador. Tece ainda reflexões sobre as similaridades e as dissemelhanças entre o bajulador e o amigo no aspecto prático da vida cotidiana, distanciando-se de uma abordagem puramente teórica. Por tais motivos, Plutarco retoma o dito no início deste tratado e afirma que:

> Por isso, quando começamos o nosso discurso recomendando, também agora recomendamos, que arrancássemos de nós mesmos o amor-próprio e a arrogância; pois esta nos bajula antes e nos torna mais enfraquecidos para os bajuladores externos, porque ficamos dispostos para recebê-la. Mas se formos obedientes a Deus e ao Seu dito "Conhece-te a ti mesmo", para cada um de

---

[9] Por sua perspectiva filosófica dos acontecimentos, as reflexões de Plutarco são centradas no caráter das suas personagens. A respeito disso, consultar: Simon Swain. Character Change in Plutarch. In: *Phoenix*, v. 43, n. 1, 1989, p. 62-68.

nós, de tudo, isso é o mais digno de que aprendamos, e se, ao mesmo tempo, refletirmos em nós mesmos sobre a nossa natureza, nossa criação e nossa educação, que estão deficientes do que é belo, e refletirmos que muito que é vilmente e em vão está misturado com o que elas têm nas nossas ações, nas nossas palavras e nos nossos sentimentos, não muito facilmente permitiremos que nós mesmos caiamos nas mãos dos bajuladores (*Como distinguir o bajulador do amigo*, 65E-F).

Ao dedicar este tratado ao seu amigo Antíoco Filopapo como uma espécie de manual para que se proteja daqueles que se aproxima apenas com o intuito de bajulá-lo, Plutarco nos traz reflexões que espelham o seu momento histórico. Nosso autor nos mostra que a bajulação de um homem poderoso e rico, como é o caso de Filopapo, tem lugar de destaque nos séculos I e II d.C.[10] No entanto, como percebemos em nosso tempo, a bajulação é algo que persiste e se revela ainda em nosso tempo, de onde podemos inferir que ela pertence a uma certa categoria de seres humanos dispostos a trilhar um caminho mais curto para adquirir vanta-

---

[10] De acordo com as conclusões de Griffin, os romanos relacionavam-se socialmente por meio de concessões e presentes, por meio de uma relação de *amicitia*, ou seja, de amizade, que nada tinha de sentimental, mas apenas a finalidade de trocas de benefícios. Certamente, Plutarco, embora utilize teorias que nos remetam à antiga Hélade, tem em mente as relações sociais de sua época. No entanto, esse tipo de amizade não era uma exclusividade dos romanos, os helenos também se relacionavam conforme o conceito de reciprocidade; portanto, na prática, a amizade na Hélade não se diferencia da *amicitia* em Roma. Não por acaso, os filósofos de ambas as sociedades teciam críticas a esse tipo de relacionamento. Consultar: Miriam Griffin. De Beneficiis and Roman Society. In: *The Journal of Roman Studies*, v. 93, 2003, p. 92-113.

gens de quem as pode oferecer. Assim, Plutarco nos ensina que a verdadeira amizade é algo raro e que deve ser preservada, pois ela faz bem à saúde da nossa vida; não por acaso, ele compara o amigo a um bom médico.

A leitura deste tratado mostra-se interessante não apenas pela própria temática em si, mas também pela sua riqueza de referências a autores helenos de vários gêneros literários, como é a característica marcante da escrita plutarquiana. Desse modo, encontramos citações pertencentes a Ésquilo, Eurípides, Sófocles, Homero, entre outros, e especialmente Platão[11]. Além disso, encontramos fatos históricos, anedotas, referências a mitos e a episódios pitorescos que tornam sua leitura agradável e instrutiva.

Esta tradução de *Como distinguir o bajulador do amigo* teve como base o texto grego estabelecido em Plutarchus. *De Adulatore et Amico. Moralia v. I.* In: PANTON, W. R.; WEGEHAUPT, I.; et POLENZ, M. (Eds.). Leipzig: Teubner, 1993.

---

[11] Apesar de Plutarco citar diversos autores e suas leituras sobre a amizade e o bajulador, a sua interpretação sobre o tema é particular e original. Consultar: Ana Jiménez San Cristóbal, *op. cit.*, p. 256.

Como distinguir o bajulador do amigo

48E ·
48F ·

1. Para o homem que declara amar muito a si mesmo, Antíoco Filopapo[12], Platão[13] afirma que todos lhe concedem o seu perdão, mas, junto com muitos outros vícios, introduz-se um grandioso mal, pelo qual não lhe é possível ter um julgamento justo nem imparcial sobre si mesmo; "pois o amor é cego a respeito do

---

[12] Gaio Júlio Antíoco Epifânio Filopapo, 65-116 d.C. Filopapo era neto de Antíoco IV e, por isso, herdeiro natural ao trono de Comagene, um pequeno reino entre a Capadócia e a Síria. Contudo, depois da invasão romana, Filopapo perdeu o direito sucessório ao seu reino, situado na Ásia Menor, mas teve como compensação o recebimento do título de cônsul romano com o título de arconte ateniense. Quando de sua morte em 116 d.C., sua irmã, a poetisa Júlia Balbilla, com o povo ateniense, erigiu um monumento em sua homenagem. Tal construção, além de ser objeto de estudo de muitos arqueólogos e historiadores de nosso tempo, é citada por Pausânias, *Descrição da Grécia*, I, 25, 8. O monumento a Filopapo pode ser visto e visitado ainda hoje na cidade de Atenas.

[13] Filósofo ateniense, 429-347 a.C., conhecido por seu método dialético exposto na forma de diálogos. Em 387 a.C., fundou a Academia, primeira escola filosófica da Grécia Antiga, cujo nome homenageia Academo e ficava localizada em um bosque que abrigava o túmulo desse herói conhecido por ter revelado aos Dióscuros o lugar onde Teseu havia escondido Helena após raptá-la de Esparta.

objeto amado"¹⁴, a não ser que, pelo aprendizado, tenha se habituado a honrar e a procurar as coisas belas mais que as naturais e as familiares. Isso oferece ao bajulador um espaço muito amplo no decorrer de uma amizade, ele tem o nosso amor-próprio como uma base de operação vigorosa contra nós. Por causa desse sentimento, cada um de nós é o primeiro e maior bajulador de si próprio; não é difícil que permita a aproximação de alguém de fora, uma testemunha das coisas que pensa e deseja, alguém que também as reforce, aliando-se com ele próprio. Pois aquele que é censurado por ser afeito a um bajulador é um profundo amante de si próprio¹⁵, por causa dessa concepção de si mesmo, ele deseja ter todas as coisas belas e pensa que as tem; e o desejo delas não é estranho, mas esse pensamento é instável e necessita de muita precaução. E se, de fato, a verdade é divina e o princípio "de todas as coisas boas para os deuses e de todas as coisas boas para os homens"¹⁶, conforme Platão, corre o risco de o bajulador

---

¹⁴ Platão, *Leis*, 731e. Antes da frase citada, o filósofo ateniense afirma: "Mas a verdade é que a causa de todas as faltas em todas as circunstâncias está no excessivo amor que dedica a si mesmo" (*As Leis, incluindo Epinomis*. Tradução de Edson Bini. In: Platão. São Paulo: Edipro, 2010. Doravante todas as referências ao diálogo *As Leis* terão como referência a tradução citada), de onde percebemos a influência de Platão nas reflexões plutarquianas sobre o amor-próprio, traçando um paralelo entre este sentimento e o de acolhimento do bajulador. Plutarco também cita esta frase no tratado *Como tirar proveito dos seus inimigos*, 91A, já publicado nesta Coleção Plutarco, em que ele afirma: "Pois o inimigo percebe muitas coisas mais que o amigo (pois "o amor é cego a respeito do objeto amado").

¹⁵ Sentimento analisado por Aristóteles em *Retórica*, 1371b, em que o filósofo afirma que é próprio do ser humano ter amor-próprio e, em razão disso, sente estima por seus bajuladores.

¹⁶ Platão, *Leis*, 730b-c. O excerto citado por Plutarco é seguido deste raciocínio: "A verdade vem em primeiro lugar. Que dela participe cada indivíduo

ser um inimigo para os deuses, especialmente para Pítio[17]. Pois está sempre em oposição ao dito: "Conhece-te a ti mesmo"[18], introduzindo o engano em cada um com relação a si próprio, e a ignorância de si mesmo, também a respeito das coisas boas e das coisas más quanto a si mesmo, porque torna aquelas imperfeitas e incompletas e estas completamente incorrigíveis.

2. Se, então, como na maior parte dos outros males, o bajulador atacasse somente, ou especialmente, os que são vulgares e desprezíveis, não seria tão terrível nem tão difícil de vigiar; visto que, tal como os carunchos mergulham, sobretudo, nas madeiras tenras e doces, assim são as generosas, honestas e gentis dos caracteres que acolhem o bajulador, também o

---

humano desde o princípio de sua vida, se seu propósito for a bem-aventurança e a felicidade, de modo que possa viver sua vida o maior tempo possível segundo a verdade". Com tal pensamento, Plutarco constrói sua visão de que o bajulador é um mal na vida dos homens, porque ele não atua conforme a verdade, mas age com dolo, pautado no engano.

[17] Epíteto do deus Apolo. Ao chegar ao sopé do Monte Parnaso, em local próximo a Delfos, Apolo encontrou pelo caminho um ser animalesco, que estava perto de uma fonte, e que tinha por hábito devorar homens e animais. O ser monstruoso era uma serpente chamada Píton, que Apolo matou com suas flechas e enterrou ali mesmo no templo de Delfos. Tal monstro, como todo filho de Geia (a personificação da Terra), tinha o dom da adivinhação, e Apolo, por também ter o dom de proferir oráculo, na verdade, eliminou o seu rival na região e depois instituiu o seu Oráculo de Delfos.

[18] Em grego "γνῶθι σαυτόν" (*gnōthi sautón*), "conhece-te a ti mesmo", segundo Pausânias, é a máxima escrita no frontão do santuário de Apolo em Delfos, o deus a quem Plutarco se refere. Consultar: Pausânias. *Descrição da Grécia*. X, 24, 1. Mas, antes de Pausânias, século II d.C., no século IV a.C., Platão já fazia referência a essa máxima como de autoria de Sócrates em seus diálogos, por exemplo, *Protágoras*, 343b e *Fedro*, 229e.

alimentam quando se apega fortemente a eles, e ainda conforme Simônides[19], a

> Criação de cavalos, ele diz, não acompanha o
> Zacinto[20], mas os campos férteis em trigo.[21]

assim, não vemos a bajulação seguindo pobres nem desconhecidos, nem incapazes, mas se tornando uma doença e uma queda para as grandes casas e os grandes assuntos e, muitas vezes, arruinando reinos e impérios; a observação não é uma tarefa pequena nem que necessita de pouca previdência, para que, sobretudo, ela seja detectada e não prejudique nem iluda a amizade. Pois os piolhos afastam-se dos que estão mortos e abandonam seu corpo, quando se extingue o sangue do qual eles se alimentam[22], enquanto não é completamente possível ver os bajuladores

---

[19] Simônides de Céos, 556-468 a.C., poeta heleno, o mais célebre autor de epigramas do período arcaico, conhecido por ter sido o primeiro a ter transformado a poesia em um ofício e, assim, a receber por ela.

[20] Ilha localizada próxima à península do Peloponeso, no Mar Iônio, cujo herói epônimo é Zacinto, filho de Dárdano, conforme relata Pausânias em *Descrição da Grécia*. VIII, 24. Além disso, a ilha também era famosa pelas suas árvores frondosas e seu terreno impróprio para o pastoreio, por ser uma região montanhosa.

[21] Simônides. Bergk, *Poet. Lyr. Graec.* III, 393.

[22] Este mesmo exemplo é citado na biografia que Plutarco escreveu sobre o general romano Sila, no capítulo XXXVI. Os insetos e afins, em Plutarco, são alvos de muitas comparações, especialmente em seus tratados. Consultar, por exemplo, *Da superstição*, 165B e *Assuntos de banquete*, 692E. No primeiro caso, Plutarco relaciona vermes e lavas às paixões que se instalam nas almas, enquanto, no segundo, traça um paralelo entre os escaravelhos e os homens que abandonam suas mulheres porque são afetadas pela ação do tempo.

aproximarem-se dos assuntos áridos e que lhes são indiferentes, mas se voltam para os gloriosos e poderosos e se engrandecem com eles, porém, rapidamente correm quando se encontram nas mudanças dessas situações. Mas não se deve esperar por essa experiência nesse momento, é inútil, sendo mais prejudicial e não sem risco. Pois é difícil, nessa circunstância de necessidade dos amigos, a percepção de que não tem amigos, de que não tem como trocar um incerto e desonesto por um certo e honesto. Mas, 49E · tal como uma moeda[23], um amigo deve ser testado antes que se tenha necessidade dele, para que não seja posto à prova sob necessidade. Pois não é para perceber depois de ter sido prejudicado, mas a fim de que não seja prejudicado por ter tido a experiência e a compreensão de que seja um bajulador; a não ser que soframos o mesmo que aqueles que experimentam em si para colocar à prova os venenos mortais, destruindo e enfraquecendo a si próprios para alcançar esse julgamento[24]. Pois, de fato, não elogiamos esses nem quantos estabelecem uma amizade para o seu bem e o seu proveito, por pensarem que aqueles que estão em sua companhia e que lhe agradam, logo são pegos em flagrante por agirem como bajuladores. Pois o amigo não é desagradável

---

[23] Plutarco retoma esse raciocínio no tratado sobre alguém ter uma grande quantidade de amigos, afirmando que: (*oúte gàr doúlos oúte phílous ésti ktḗsasthai polloùs ap' olígou nomísmatos. tí oũn nómisma philías?*) (οὔτε γὰρ δούλους οὔτε φίλους ἔστι κτήσασθαι πολλοὺς ἀπ' ὀλίγου νομίσματος. τί οὖν νόμισμα φιλίας;) "Pois não é possível adquirir muitos escravos nem muitos amigos por uma pequena moeda. O que é, então, a moeda da amizade?" (*Da abundância de amigos*, 93E-F).

[24] Plutarco expressa essa mesma opinião de que se deve perceber o mal antes que ele aconteça, em seu tratado *Do curioso*, 517A; convém ressaltar que o "curioso", aqui, tem o sentido daquele que é bisbilhoteiro.

49F · nem desmedido, nem é notável que a amizade possua amargura e austeridade; mas, de fato, o que é próprio dela mesma é isso que é belo e notável, que é doce e desejável,

> *E junto dela as Cárites[25] e o Hímero[26]*
> *estabeleceram sua morada.*[27]

também não é somente para aquele que é infeliz,

> *É doce olhar de frente nos olhos de um mortal benevolente.*[28]

conforme Eurípides[29], mas, ao trazer prazer e graça, contribui em nada menos para as boas coisas que quando afasta as dores e as dificuldades dos males que se apresentam.

---

[25] Filhas de Zeus e Eurínome, cujos nomes são Eufrosina (Alegria), Talia (Festa) e Aglaia (Brilho). Por seus dons artísticos, elas acompanham Apolo e as Musas. As três irmãs são consideradas as difusoras da alegria na natureza e no coração dos deuses e dos homens.

[26] Personificação do desejo amoroso. Acompanha Eros no cortejo de Afrodite, vive no cume do Olimpo, ao lado das Cárites e das Musas.

[27] O verso "E junto dela as Cárites e o Hímero estabeleceram sua morada" (πὰρ δ' αὐτῇ Χάριτές τε καὶ Ἵμερος οἰκί' ἔθεντο) (*pàr d' autêi Khárités te kaì Hímeros oikí' éthento*) é uma leitura dos versos 64 e 65 de Hesíodo, grafados em sua obra *Teogonia*, que, em seu original, são escritos "Junto a elas as Graças e o Desejo têm morada nas festas" (πὰρ δ' αὐτῆς Χάριτές τε καὶ Ἵμερος οἰκί' ἔχουσιν ἐν θαλίῃς·) (*pàr d' autêis Khárités te kaì Hímeros oikí' ékhousin én thalíeis*). *Teogonia: a origem dos deuses*. Tradução de Jaa Torrano. In: Hesíodo. Edição bilíngue. São Paulo: Iluminuras, 1995.

[28] Eurípides, *Íon*, 732.

[29] Tragediógrafo grego, 480-406 a.C., nasceu na ilha de Salamina, região da Ática, no dia da batalha naval travada ali contra os persas. A data mais provável é 29 de setembro. Sobre a batalha na ilha, consultar: Heródoto. *Histórias*.

50A · E, conforme Eveno[30] disse[31], o fogo é o melhor dos temperos[32], assim o deus[33], por ter misturado a amizade à vida, tornou todas as coisas brilhantes, doces e amigáveis, quando ela está presente e se tem o benefício dela. Visto que, como o bajulador se insinuaria pelos prazeres, se não percebesse de algum modo

---

VIII. No teatro, Eurípides celebrizou-se pela invenção de um expediente cênico conhecido como *Deus ex-machina*, em que o desfecho do drama ocorre de forma inesperada, com a intervenção de uma divindade.

[30] Nascido na ilha helena de Paros, no século IV a.C., conhecido por ser poeta elegíaco e sofista, há várias referências sobre ele em Platão. Consultar: *Apologia de Sócrates*, 20 b-c; *Fédon*, 60d e 61c; *Fedro*, 267a. Destacamos que a referência platônica em *Fedro* é interessante a este tratado; nas palavras de Sócrates, Platão registra: "E não deveríamos trazer à baila o ilustre Eveno de Paros, inventor da alusão dissimulada e dos louvores indiretos? Dizem alguns que ele, inclusive, foi o autor de censuras indiretas, compondo-as em versos a título de um assunto de memória". *Diálogos socráticos III. Fedro (ou Do Belo). Eutífron (ou Da Religiosidade). Apologia de Sócrates. Críton (ou Do Dever). Fédon (ou Da Alma)*. Tradução, textos complementares e notas de Edson Bini. In: Platão. São Paulo: Edipro, 2008. E, além desses diálogos platônicos, Plutarco cita-o em outros tratados, a saber: *Assuntos de banquete*, 697D e *Questões platônicas*, 1010C.

[31] A frase a seguir atribuída a Eveno é encontrada no tratado plutarquiano intitulado *Preceitos de saúde*, 126D, no entanto, ela é atribuída a Pródico, um filósofo sofista, heleno, nascido na ilha de Ceos, entre os séculos V-IV a.C.

[32] A relação entre a postura do bajulador e o tempero é exposta por Plutarco em outro tratado, como lemos na reflexão a seguir: "Tal como, quando possível, os que adulam, com alguma arte e habilidade, mesclam suaves censuras aos muitos e extensos elogios e inserem a franqueza na adulação como tempero, assim também o malicioso antepõe o elogio à censura para a credibilidade deles". (*Da malícia de Heródoto*, 856D). *Da malícia de Heródoto*. Estudo, tradução e notas de Maria Aparecida de Oliveira Silva. In: Plutarco. Edição bilíngue. São Paulo: Edusp/Fapesp, 2013. Quanto à frase atribuída a Eveno, não sabemos em qual escrito ela está, visto que suas obras não chegaram aos nossos dias.

[33] Podemos inferir que se trata de Eros, por termos como base o afirmado por Plutarco em *Diálogo do amor*, 758C, no qual o autor de Queroneia argumenta que Eros é visto como o deus que "conduz à virtude e à amizade" (ὑφηγεῖται πρὸς ἀρετὴν καὶ φιλίαν) (*hýphēgeîtai pròs aretḕn kaì philián*).

que a amizade faz aproximar de si o prazer, isso não é possível afirmar. Mas, tal como o falso ouro e de má qualidade somente imitam o brilho e a resplandecência do ouro, assim o bajulador parece, por imitar doçura e por ser agradável, sempre apresentar alegria e exuberância, não contrariando nem se opondo a nada. Por essa razão, nem aqueles que nos elogiam logo devem ser simplesmente suspeitos de ser bajuladores; pois um elogio no momento oportuno não é menos conveniente para uma amizade que uma censura, ou melhor, o que é completamente desagradável e queixoso não é amigável nem sociável, enquanto a benevolência concede um elogio com isenção de inveja e boa vontade às coisas que são belas, também o que é advertência e, por sua vez, franqueza sem fadiga nem dor é recebido com paciência, acreditamos e consideramos isso suficiente, porque aquele elogia com prazer, por necessidade, está mentindo.

3. Portanto, alguém poderia dizer que é difícil distinguir quem é o bajulador e quem é o amigo, se não é pelo prazer nem pelo elogio que eles se distinguem; de fato, muitas vezes, é possível ver que a amizade é ultrapassada pela bajulação nas solicitudes exageradas e nas execuções dos afazeres. E por que não devemos ter a preocupação de perseguir o verdadeiro bajulador, o que se dedica ao assunto com habilidade e arte, mas não, conforme a maioria, eles são chamados de "aqueles que carregam seus frascos de perfumes"³⁴ e os "que vivem à mesa de

---

³⁴ Plutarco utiliza o termo em grego τοὺς αὐτοληκύθους (*toùs autolēkýthous*), que é acusativo masculino plural de αὐτολήκυθος (*autolēkýthous*), que, além de significar "aquele que carrega seu frasco de perfume", pode ainda

alguém"³⁵, e ainda "aqueles que ouvem depois que estão com a água nas mãos"³⁶, conforme alguém disse, devemos considerá-los

---

significar "aquele que não tem servo", "pobre". Explorando esse sentido, podemos pensar que o bajulador é alguém "pobre" sob a perspectiva da moralidade, alguém empobrecido pela sua falta de virtude. Outro significado encontrado é "aquele que, sem ser escravo, carrega o frasco de perfume para outrem", o que denota o caráter servil do bajulador. Por extensão, encontramos ainda αὐτοληκύθος (*autolēkýthous*), com o significado de "parasita" e "bajulador". Nossas reflexões tiveram como base o verbete do *Dicionário grego-português*, v. 1 [α-δ]. In: MALHADAS, Daisi; DEZZOTTI, Maria Celeste Consolin; e NEVES, Maria Helena de Moura (Orgs.). São Paulo: Ateliê Editorial, 2006. De agora em diante, todas as reflexões tecidas a respeito dos vocábulos de α a δ seguem o glosado no referido dicionário.

³⁵ Nosso autor grafa o termo em grego τραπεζέας (*trapezéas*), masculino acusativo plural de τραπεζεύς (*trapezeús*), que, além de significar "que vive à mesa de alguém", ainda significa "doméstico", no sentido de cão. Mais uma vez, notamos o sentido servil e a pobreza de caráter do bajulador, que se mostra um ser domesticado como um cão, em troca dos prazeres de uma boa mesa. Se tomarmos a mesa como uma metáfora para a vida, podemos inferir que se trata de alguém que se domestica, isto é, que se torna servil, para obter vantagens sem muito trabalho. Não por acaso, outro significado para τραπεζεύς (*trapezeús*) é "parasita", na concepção da Biologia, "um organismo que vive *de* e *em* outro organismo, dele obtendo alimento, mas lhe causando dano também". O que Plutarco nos mostrará ao longo deste tratado é como um bajulador é prejudicial àquele que o sustenta, àquele o nutre. Nossas reflexões tecidas a partir dos termos em grego tiveram como base o verbete do *Dicionário grego-português*, v. 5 [σ-ω]. In: MALHADAS, Daisi; DEZZOTTI, Maria Celeste Consolin; e NEVES, Maria Helena de Moura (Orgs.). São Paulo: Ateliê Editorial, 2010. Doravante, todos os verbetes analisados de σ a ω terão este dicionário como parâmetro.

³⁶ Com a expressão μετὰ τὸ κατὰ χειρὸς ὕδωρ ἀκουομένους (*metà tò katà kheiròs hýdōr akouoménous*), que traduzimos por "aqueles que ouvem depois que estão com a água nas mãos", Plutarco faz referência a um elemento que integra o ritual de um banquete, que é o de se lavar as mãos dos convivas antes de se banquetearem. Portanto, Plutarco demonstra que o bajulador somente considera o seu bem-estar, o seu ganho, depois de alcançar aquilo que deseja, como que encegueirado pelo seu proveito, não ouve ninguém até que sua vontade seja satisfeita.

50D · bajuladores, dentre os quais, em um único prato e em uma única taça, com brincadeira de mau gosto[37] e uma conduta repugnante, a sua falta de liberdade torna-se evidente? Pois, de fato, Melântio[38] não deveria ser denunciado como parasita[39] de Alexandre de Feras[40], que, aos que lhe perguntaram como Alexandre foi degolado:

---

[37] Plutarco utiliza o termo βωμολοχίας (bōmolokhías), genitivo singular do substantivo βωμολοχία (bōmolokhía), que significa "palhaçada" ou "brincadeira de mau gosto", do qual deriva o adjetivo βωμολόχος (bōmolókhos), que tem como significado "que se oculta junto de um altar para furtar ou mendigar as oferendas", "mendigo ladrão", ou ainda ""bufão", "charlatão", por conseguinte "bufo", "grosseiro" e "vulgar". Portanto, Plutarco reforça a ideia de que o bajulador é alguém de mau caráter, capaz de colocar-sem em posição servil, renunciar à sua autoestima, fazer falsos gracejos para mendigar favores, com uma tendência gatuna; enquanto mendiga, também rouba, subtrai a confiança e os bens de quem sustenta tal parasita.

[38] Pelo contexto, um partícipe da tirania de Alexandre de Feras. Não dispomos de mais dados sobre ele.

[39] Como podemos observar, o termo "parasita" é de origem helena, por esse motivo não o utilizamos nas adjetivações anteriores. Em razão disso, Plutarco grafa παράσιτον (parásiton), o acusativo singular de παράσιτος (parásitos), que significa "que come ao lado", "convidado", também "que se faz servir", "que se faz manter", isto é, "parasita". Em Atenas, o ὁ παράσιτος (ho parásitos) é o termo utilizado para designar o cidadão alimentado no Pritaneu, ou seja, alimentado pelo erário, com o dinheiro público. O Pritaneu era o local consagrado à deusa Héstia, que regia as regras de hospitalidade, conhecida como a Deusa da Lareira. O Pritaneu, "Salão da Cidade", era uma construção encontrada nas maiores cidades helenas, destinada à recepção de hóspedes ilustres que usufruíam da lareira citadina.

[40] Alexandre de Feras, tirano entre 369-358 a.C., conhecido pela brutalidade de seu governo e por ter sido assassinado pelos irmãos de sua esposa Tebe. Consultar: Xenofonte. *Helênicas*. VI, 35-37. Cícero. *Dos deveres*, II, 25. Plutarco. *Vida de Pelópidas*. XXVIII, 2-10, e *Da malícia de Heródoto*, 856A.

Pelas costas, respondeu, até o meu estômago,[41]

nem aqueles que circulam em torno de uma mesa farta, os quais

Nem o fogo, nem o ferro, nem o bronze
os impede de ir a um banquete.[42]

nem as bajuladoras de Cipro[43], depois de terem atravessado para a Síria, chamadas em público de apoiadoras[44], porque se ofereciam para as mulheres dos reis subirem nos carros por meio delas, ficando de joelhos[45].

50E ·

---

[41] Êupolis. *Os bajuladores*. Kock. *Com. Att. Frag.* I, fr. 162. Verso também citado por Plutarco, em *Virtudes das mulheres*, 256D.

[42] Versos de autoria desconhecida.

[43] O nome que os antigos helenos davam à ilha de Chipre.

[44] Plutarco chama as mulheres cipriotas de κλιμακίδας (*klimakídas*), acusativo feminino plural de κλιμακίς (*klimakís*), que significa literalmente "pequena escada", ou "escaleta", também "mulher que servia de *estribo* para ajudar pessoas a subir em um carro". Traduzimos como "apoiadoras", pois o estribo serve de apoio, e também porque Plutarco faz um jogo de palavras entre κολακίδας (*kolakídas*), que significa "bajuladoras", e κλιμακίδας (*klimakídas*), por isso "bajuladoras" e "apoiadoras". Portanto, novamente vemos Plutarco traçar uma relação entre a bajulação e a postura servil do bajulador, que o leva à humilhação. Nossas reflexões feitas a partir dos termos em grego pautaram-se no verbete do *Dicionário grego-português,* vol 3 [κ-ο]. Daisi Malhadas, Maria Celeste Consolin Dezzotti e Maria Helena de Moura Neves (orgs.). São Paulo: Ateliê Editorial, 2008. Todas as referências aos termos gregos de κ a ο seguem as definições apresentadas no referido dicionário.

[45] Pela descrição de Plutarco, as mulheres dos reis utilizavam os ombros das cipriotas como estribo.

4. Então, de qual tipo se deve estar precavido? Aquele que não parece nem está de acordo com o bajular, aquele que não é possível ser flagrado em volta da cozinha, nem ser apanhado medindo a sombra para o banquete[46], nem como que por acaso jogado por estar embriagado, mas está sóbrio na maioria das vezes e se intrometendo na vida alheia, também pensa que deve partilhar de seus assuntos e quer ser cúmplice das conversas secretas, e é próprio da sua amizade não ser um ator completamente trágico nem satírico. Pois, conforme Platão diz,

50F

É de extrema injustiça parecer
que é justo não o sendo,[47]

E a bajulação que deve ser considerada difícil de suportar não é a que passa despercebida, nem a que concorda, nem a que diverte, mas a que é séria; pois esta enche de desconfiança também a verdadeira amizade, porque, muitas vezes, confunde-se

---

[46] Plutarco faz menção ao relógio solar ou ao movimento do sol, pelo qual os helenos também mediam o tempo. A forma mais conhecida de medição das horas era realizada pela clepsidra, ou relógio d'água.

[47] Aqui, Plutarco grafa ἐσχάτης ἀδικίας εἶναι δοκεῖν δίκαιον μὴ ὄντα (*eskhátēs adikías eînai dokeîn díkaion mḕ ónta*): "É de extrema injustiça parecer que é justa, não o sendo", mas, em seu tratado *Da malícia de Heródoto*, 854F, ele escreve: οὐ γὰρ μόνον τῆς ἐσχάτης ἀδικίας μὴ ὄντα δοκεῖν εἶναι δίκαιον (*ou gàr mónon tēs eskhátēs adikías mḕ ónta dokeîn eînai díkaion*): "Pois não é somente de extrema injustiça, o que não é parecer ser justo", enquanto Platão, em *A República*, 361a, escreve: ἐσχάτη γὰρ ἀδικία δοκεῖν δίκαιον εἶναι μὴ ὄντα (*eskhátē gàr adikía dokeîn díkaion eînai mḕ ónta*): "Pois o auge da injustiça é fazer-se passar por justiça sem o ser". *A República*. 2ª ed. Tradução de Edson Bini. In: *Platão*. São Paulo: Edipro, 2014. Portanto, notamos que Plutarco reproduz com mais fidelidade o dito por Platão neste tratado.

com ela, se não estivermos atentos. Então, Góbrias[48], quando um mago estava em fuga, caiu com ele em um recinto escuro. Iniciaram uma forte luta, ele ordenou a Dario, porque estava ao seu lado, que o golpeasse, mas ele se viu em dificuldade pela possibilidade de golpear um dos dois[49]. Mas nós, se jamais, de modo algum, elogiamos o dito: "Que pereça o amigo junto com o inimigo"[50], pelas suas muitas semelhanças, como o bajulador se entrelaça com o amigo, é proveitoso que procuremos separá-los bem, principalmente temendo-o de algum modo ou expelindo o útil com o mau, ou que poupemos o que nos é íntimo, e caiamos no que é prejudicial. Pois, penso, tais como tantas sementes selvagens, por haver semelhança em seu aspecto e tamanho, estão misturadas com o trigo, há dificuldade em fazer a separação (pois ou não caem pela estreiteza dos seus furos, ou caem juntos pelos furos mais largos), assim a bajulação, porque se mistura com todo tipo de sentimento, todo tipo de movimentação, também de necessidade e hábito da amizade, é difícil de ser distinguida.

51A ·

5. Todavia, porque a amizade é a coisa mais doce dentre todas e não há nenhuma outra coisa que nos alegre mais, por isso também o bajulador seduz pelos prazeres, é o que está

51B ·

---

[48] Filho do general persa Mardônio, século VI a.C., foi um dos aliados que lutaram para que Dario se tornasse o rei da Pérsia. Depois da coroação de Dario, tornou-se um dos conselheiros do novo rei. Consultar: Heródoto. *Histórias*. III, 70-78.

[49] Episódio narrado em Heródoto. *Histórias*. III, 78.

[50] Nauck, *Trag. Graec. Frag.*, *Adesp*, nº 362.

cercado pelos prazeres. Porque o encanto e o proveito acompanham a amizade (conforme isso, diz-se que de fato o amigo é mais necessário que o fogo e a água). Por causa disso, o bajulador, precipitando-se para as ações prestativas, faz grande esforço para ser cuidadoso, para sempre se mostrar diligente e empenhado. Uma vez que aquilo que, sobretudo, é o princípio da amizade é a semelhança nos costumes e nos hábitos, e completamente se compraz com as mesmas coisas e evita as mesmas coisas, que, em primeiro lugar, conduzem-nos e convergem para o mesmo lugar, pela semelhança dos sentimentos.

51C   O bajulador, porque compreende isso, disciplina e forja a si mesmo, tal como se fosse uma matéria, procurando harmonizar-se e modelar-se aos que ele toma pelas mãos, por meio da imitação, visto que é flexível para alterar-se e persuasivo nas suas imitações, a ponto de dizer

> *Não um filho de Aquiles*[51], *mas és ele próprio.*[52]

Mas o que é dentre tudo o mais ardiloso em si, porque percebe que tanto a chamada como a pensada franqueza é uma fala peculiar da amizade, tal como algo próprio de um ser vivo, enquanto a falta de franqueza é algo peculiar à falta de amizade e de nobreza, não deixa esta sem imitar para trás, mas, tal

---

[51] Filho de Peleu, rei da Ftia, e da deusa Tétis, filha de Oceano. Aquiles foi o principal herói da Guerra de Troia; sem ele, conforme um oráculo, não haveria a tomada dos muros troianos, pois ele estava destinado a nela morrer jovem em troca da glória eterna.

[52] Snell, *Trag. Graec. Frag. II, Adesp.* fr. 363.

como os hábeis cozinheiros utilizam os sucos amargos e ácidos com temperos, para retirar a náusea dos sabores adocicados, as-
51D · sim os bajuladores não trazem a sinceridade nem o proveito, mas como que olham de soslaio pelas sobrancelhas e provocam risos, porque simplesmente mostram seu atrevimento. Portanto, por causa disso, esse tipo de homem é difícil de detectar, tal como os animais selvagens que, quantos por natureza mudam sua pele, tornando-se inteiramente semelhantes às coisas que estão colocadas próximas em cores e partes; visto que ele engana e se esconde com as semelhanças, e o nosso trabalho é descobri-lo nas suas diferenças e desnudá-lo, o que "com estranhas cores e formas", do modo como diz Platão:, "Na falta das suas próprias, está enfeitado."[53]

6. Devemos logo examinar o assunto desde o início. De fato, dissemos que o princípio da amizade, para a maioria, é de
51E · modo conveniente acolher com alegria os mesmos hábitos e costumes[54], alegrar-se com as mesmas atitudes, com os mesmos assuntos e diversões, por ter os mesmos sentimentos por temperamento e natureza, a partir disso, que se diz o seguinte:

O velho ao velho tem a fala mais doce,
o menino ao menino e à mulher é conveniente a mulher,

---

[53] Platão. *Fedro.* 239d. Neste passo, Platão examina "Como aquele que é compelido a seguir o prazer e não o bem conservará o corpo daquele de quem é o senhor", 239c.

[54] Platão. *As leis.* 968d.

*e o homem doente ao doente, e o tomado
pelo insucesso é encantador ao que o experimenta.*[55]

Portanto, o bajulador tem ciência de que um igual agrada aos semelhantes e que é natural lhe ser útil e querido. Dessa maneira, em primeiro lugar, tenta aproximar-se e ficar perto de cada um, tal como os rebanhos nos pastos, junto às mesmas 51F · atividades e diversões sobre os mesmos assuntos; também os mesmos cuidados e modos de vida, sem vacilo, aproximando-se e tomando suas cores, até que, em determinada ocasião, se rende e torna-se dócil e acostumado a quem o tocar, censurando as coisas que ele percebe naquele, as ações, os modos de vida e os homens pelos quais ele tem alguma objeção, mas é elogiador das coisas que eles gostam, não havendo medida, mas a ponto 52A · de ultrapassar a medida, mostrando-se com espanto e admiração, confirmando que o que ama e odeia é mais pela razão do que por uma paixão.

7. Portanto, como contestá-lo e capturá-lo por essas diferenças, porque não é nem se torna nosso igual, mas nos imita de modo semelhante? Em primeiro lugar, deve-se observar a uniformidade e a persistência da sua conduta, se ele se alegra com as mesmas coisas sempre e elogia sempre as mesmas coisas, se ele se molda por uma única regra e se estabelece um paradigma para a sua própria vida, como convém a um homem livre ser um

---

[55] Versos de uma comédia perdida. Nauck, *Trag. Graec. Frag. Adesp.* nº 364. Kock, *Com. Graec. Frag. Com. Ad.* 1206 ou *Com. Att. Frag.* 3, 606.

amante da amizade de hábitos e costumes semelhantes. Pois o amigo é dessa natureza. Enquanto o bajulador, de fato, porque não tem uma única morada para o seu caráter, nem vive a sua própria vida, mas a de outro, sendo ele mesmo moldado e harmonizado para outro, não é simples, nem uno, mas multiforme e variado, indo de um lugar a outro, tal como a água derramando de uma vasilha para a outra está sempre escorrendo[56], ele se conforma àqueles que o acolhem. Pois o macaco[57], como parece, quando tenta imitar o homem, é capturado, porque se movimenta e dança com ele, mas o próprio bajulador convence por indução e engana os outros, porque não imita todos do mesmo modo, mas porque dança e canta com um, enquanto pratica o pugilato e se cobre de poeira com outro[58]; para pegar amigo da caça de animais selvagens e da caça com cães, somente segue gritando as palavras de Fedra:

Pelos deuses, amo com ardor atiçar cães
enquanto estou perseguindo cervos malhados,[59]

---

[56] Plutarco repete este dito em seu tratado *Preceitos políticos*, 801C.

[57] Há manuscritos que grafam ὦτος (ốtos), que significa "bufo", uma espécie de coruja, em vez de πίθηκος (píthēkos), que significa "macaco". Tal ave, conforme Aristóteles, *História dos animais*, 597b, é κόβαλος καὶ μιμητής (kóbalos kaì mimētḗs), ou seja, "charlatã e imitadora". Plutarco repete este pensamento em seu tratado *Quais dentre os animais são mais inteligentes, os terrestres ou os marinhos*, 961E.

[58] O pugilato é uma luta travada entre dois oponentes que usavam os punhos cobertos com uma espécie de luva de couro, que, por lutarem arduamente, caíam no chão e se empoeiravam.

[59] Eurípides. *Hipólito*. 218.

e não dá importância para o animal selvagem, mas apreende o caçador e o retira da sua rede. Mas se caça um jovem conhecedor das letras e estudioso, logo está entre os livros, a sua barba desce até os pés, a coisa é vestir uma capa surrada e ter indiferença do filósofo, e pela boca os números e os triângulos retângulos de Platão. E se um indolente, beberrão e rico, por sua vez, precipitar-se diante dele,

> *Em seguida, despiu-se de seus farrapos*
> *o muito sagaz Odisseu*[60],[61]

52D ·   o manto grosseiro foi jogado, e a sua barba foi aparada, tal como um campo sem frutos, e vasos para manter frescos os vinhos, taças, sorrisos nas caminhadas e zombarias contra os filósofos. Tal como dizem, no momento em que Platão chegou à Siracusa[62], e que um zelo cheio de furor pela filosofia tomou conta de Dionísio[63], os palácios foram cheios de areia pelos geô-

---

[60] Filho de Laerte, rei de Ítaca, e Anticleia. Personagem homérica que participou da Guerra de Troia, destacada por sua prudência. Figura na *Ilíada* e tem seu retorno de Troia narrado por Homero na *Odisseia*, que trata de suas aventuras até alcançar Ítaca, voltar para os braços de sua esposa Penélope e rever seu filho Telêmaco.

[61] Homero. *Odisseia*. XXII, 1.

[62] Ilha de colonização helena, situada ao sul da Península Itálica, região conhecida como Magna Grécia.

[63] Viveu entre 405-367 a.C., tornou-se tirano de Siracusa, em 405 a.C., quando da realização da primeira guerra contra Cartago, cidade fundada pelos fenícios no norte da África. Em 398 a.C., deflagrou nova guerra contra Cartago, vencendo-os durante os quatro anos do conflito. Em 382 a.C., voltou a guerrear contra os cartagineses sem repetir os sucessos anteriores, sendo derrotado em

metras; mas, depois que Platão provou o seu fracasso, e Dionísio desviou-se da filosofia, e outra vez foi levado para as bebidas e as mulheres, também para o falar tolamente e ser licencioso, para todas essas coisas de uma só vez, tal como se tivessem sido metamorfoseadas em Circe[64], prendeu sua atenção nas coisas sem refinamento, no esquecimento e na estupidez. Também testemunham as grandiosas obras dos bajuladores e as dos demagogos, dentre eles, Alcibíades[65] é o maior; em Atenas[66], ficava escarnecendo os outros, criando cavalos e vivendo com disposição para gracejar agradavelmente e com uma beleza encantadora, enquanto na Lacedemônia[67], raspando o seu cabelo até a pele, vestindo um manto surrado e tomando banho de água fria; já na Trácia[68], guerreando e bebendo e, depois que chegou junto de

---

375 a.C. Novamente, declara guerra contra Cartago, em 368 a.C., morrendo no ano seguinte.

[64] Filha de Hélio (personificação do Sol) e de Perse (filha de Oceano), ou de Hécate. Circe é uma feiticeira que figura na *Odisseia*, de Homero, e nas aventuras dos Argonautas. Segundo Homero, *Odisseia*, X, 133-574, Circe metamorfoseou os companheiros de Odisseu em animais e manteve o herói em sua ilha, utilizando seus expedientes mágicos e oferecendo-lhes diversos tipos de prazeres.

[65] Político ateniense, século V a.C., foi amigo de Sócrates, famoso por sua riqueza, beleza e inteligência, tendo protagonizado eventos importantes da história helena. Platão concede-lhe a honra de ser um dos discursantes de seu diálogo *O banquete*, e Plutarco dedica-lhe uma biografia: *Vida de Alcibíades*.

[66] Capital da Ática, conhecida pelo seu desenvolvimento artístico, pela instituição do regime democrático e pela construção de uma poderosa frota naval.

[67] Localizada na península do Peloponeso, na região também conhecida como Lacônia, cuja capital era a cidade de Esparta.

[68] Região situada no extremo norte da Grécia, conhecida por ser uma passagem da Anatólia para a Grécia.

Tissafernes⁶⁹, passou a ter uma vida indolente e sensual, luxuriosa e fanfarrona; procura pela popularidade e está em companhia de todos, tornando-se inteiramente semelhante e familiar a eles. Certamente, não do mesmo modo agiram Epaminondas⁷⁰ nem Agesilau⁷¹, mas, embora tenham estado na companhia de um grande número de homens, cidades e modos de vida, preservaram o caráter que lhes era adequado em toda parte, por meio da vestimenta, do regime de vida, da expressão do pensamento e da vida diária. Assim também Platão, quando estava em Siracusa, era o mesmo quando estava na Academia⁷², também em relação a Dionísio e da mesma natureza diante de Díon⁷³.

---

⁶⁹ Sabemos que foi um sátrapa da Ásia Menor, em 431 a.C., das regiões da Lídia e da Cária. Na visita de Alcibíades, ele foi convencido pelo ateniense a manter boas relações com Atenas e Esparta; no entanto, isso enfraqueceu seu poder político na região, pois tinha Farnabazo como opositor. Então, em 408 a.C., perdeu seu poder sobre a Lídia, restando-lhe apenas a Cária. Para mais detalhes, consultar: Heródoto. *Histórias*. VIII, 126-129.

⁷⁰ General tebano, século IV a.C., conhecido por ter sido o primeiro a conseguir romper a barreira do exército espartano e invadir Esparta durante a batalha ocorrida em Leuctros, em 371 a.C. Sobre Epaminondas, dispomos de duas biografias escritas por Cornélio Nepos e Plutarco.

⁷¹ Rei espartano da Casa do Euripôntidas, 400-360 a.C., conquistou muitos territórios de sua região, expandindo o poderio de Esparta. No entanto, não obteve sucesso em sua manutenção, sendo obrigado a buscar aliança com os persas, lutando ao lado deles como mercenário. Para mais detalhes sobre a biografia do rei espartano, há a obra *Agesilau*, de Xenofonte e a *Vida de Agesilau*, de Plutarco.

⁷² Escola fundada por Platão e situada e um pequeno bosque que levava o mesmo nome. Fundada em 387 a.C., foi fechada pelo imperador romano Justiniano em 529 d.C.

⁷³ Conhecido como o "libertador de Siracusa", morto em 354 a.C., foi responsável pela derrubada do tirano Dionísio II. Díon foi expulso pelo tirano e foi morar em Atenas, onde frequentou a Academia de Platão, na condição de seu

8. Mas pode-se detectar do modo mais fácil as mudanças do bajulador, que é tal como um polvo, alguém que parece mudar de ideia a respeito de muitos assuntos, quando reprova o modo de vida que antes elogiava, enquanto aos assuntos que fazia objeção, quer aos da vida diária, à expressão dos seus pensamentos, 53A · como que as coisas se tornassem agradáveis de repente, ele passa a aprová-las. Pois se observará que ele mesmo de modo algum é constante, nem singular, nem tem um sentimento próprio quando ama, odeia, alegra-se e se entristece, mas, tal como um espelho, recebe as imagens dos sentimentos dos estranhos, dos seus modos de vida e das suas motivações. Pois é de tal espécie que, se censurares um dos teus amigos para ele, ele te responderia: "Tardiamente descobriste o homem, pois, quanto a mim, ele não costumava me agradar antes". Mas se, ainda outra vez, porque mudaste de ideia, elogiá-lo, por Zeus[74], ele dirá que se alegra contigo, que ele próprio fica agradecido pelo homem e que 53B · confia nele. Mas, se dizes que deves mudar para outro tipo de vida, por exemplo, mudar da vida política para a inatividade e a tranquilidade, "certamente, há muito precisávamos", ele diz, "de nos libertar dos tumultos e das invejas". Mas, se de novo pensas em lançar-te na prática e no discurso políticos, ele responderá

---

amigo e discípulo. Depois de retornar à Siracusa em 361 a.C., organizou um golpe para a derrubada do tirano, que terminou com sua morte. Plutarco redigiu uma biografia de Díon, na qual destaca sua amizade com Platão e os acontecimentos em Siracusa, que culminam com seu assassinato.

[74] Zeus era filho de Crono e Reia. Depois de ter destronado seu pai, passou a reinar no Olimpo sobre deuses e homens e também a firmar sua raça no disseminar de sua descendência pelo céu e pela terra; por isso, Zeus passou a ser denominado "pai dos homens e dos deuses". Consultar: Hesíodo. *Teogonia*, 468 e ss.

aos gritos: "Refletes sobre atividades que são dignas de tu mesmo; a inatividade é doce, mas sem glória e vulgar". Portanto, logo é preciso dizer para tal tipo:

> *Diferente de antes, estrangeiro,*
> *parece-me agora.*[75]

não necessito de um amigo que mude simultaneamente comigo e que consinta em tudo de acordo comigo (pois a minha sombra faz isso melhor), mas que se junte a mim na busca da verdade e que decida junto comigo. Portanto, é uma das ocasiões em que há um modo de provar a natureza desse tipo.

53C · **9.** Deve-se guardar outra diferença dessa mesma natureza entre as coisas que são semelhantes. O verdadeiro amigo não é um imitador de todas as suas ações, nem um elogiador cheio de ardor, mas somente das melhores coisas:

> *Pois não nasceu para compartilhar*
> *o ódio, mas o amor.*[76]

---

[75] Homero. *Odisseia*. XVI, 181.

[76] Plutarco grafa οὐ γὰρ συνέχθειν ἀλλὰ συμφιλεῖν ἔφυ (*ou gàp sunékhthein allà symphileîn éphy*): "Pois não nasceu para compartilhar o ódio, mas o amor", como uma paráfrase para o verso sofocliano Οὔτοι συνέχθειν, ἀλλὰ συμφιλεῖν ἔφυν (*hoútoi sunékhthein, allà sumphilein éphyn*): "Não nasci para odiar, mas para amar", uma fala de Antígone a Creonte, que não permitia enterrar seu irmão Polinices, tratado como um traidor pelo tirano. Consultar: Sófocles. *Antígone*, 523.

Conforme Sófocles[77], e, por Zeus, ajudar a endireitar as coisas e partilhar o amor ao que é belo, não compartilhar do que está errado e cometer um crime em cumplicidade, a não ser que alguém, como se tivesse uma inflamação nos olhos, houvesse um fluido e uma contaminação espontânea por causa do contato e da convivência, preenche-se de algum tipo de perversidade, ou de um erro cometido pela negligência. Diz-se que, de algum modo, aqueles que conviviam com Platão imitavam seus ombros curvados; e os de Aristóteles[78], a sua fala gaguejada; os do rei Alexandre[79], a sua inclinação da parte de trás da cabeça e sua aspereza na voz em uma conversação; pois a maior parte dos assuntos passam despercebidos para alguns que assumem deles seus hábitos e modos de vida. Mas o bajulador simplesmente vive de certo modo como um camaleão. Pois ele se torna inteiramente semelhante a qualquer cor de pele, exceto a branca[80];

---

[77] Tragediógrafo grego, 496-405 a.C., nasceu em Colono, local bem próximo a Atenas; calcula-se que perfazia a distância de um quilômetro.

[78] Filósofo nascido em Estagira, cidade ao norte da Hélade, nome original do que hoje denominamos Grécia, 384-322 a.C., na região da Calcídia. Filho de um médico da corte de Filipe II, pai de Alexandre, o Grande, de quem foi tutor por três anos. Aos 17 anos, foi para Atenas, onde estudou na Academia de Platão, de 367 a 347 a.C., ano da morte de seu mestre. Em 336 a.C., fundou sua escola no Liceu, conhecida por este nome, mas também como Escola Peripatética, porque seu alunos recebiam seus ensinamentos enquanto eles caminhavam.

[79] Alexandre, o Grande, 356-323 a.C., rei da Macedônia e da Pérsia. Filho de Filipe II, foi educado por vários sábios, sendo Aristóteles o mais famoso entre eles. Alexandre é citado em diversas obras da Antiguidade. Para uma leitura mais abrangente dos fatos de sua vida, ler a extensa biografia plutarquiana.

[80] Convém observar que Plutarco exclui a cor branca, pela sua associação com pureza, com a ingenuidade, características que não cabem a um bajulador.

também o bajulador, porque é incapaz de se tornar semelhante nas coisas dignas de zelo, não abandona a imitação das vergonhosas, mas, tal como os pintores sem talento, que não são capazes de alcançar as belas pinceladas, por causa da sua debilidade, transmitem as semelhanças nas rugas, nas sardas e nas cicatrizes; assim, ele se torna um imitador do excesso, da superstição, da irritação, da cólera para com os servos, desconfiança para com os familiares e parentes. Pois, por natureza, existe a inclinação vinda de si mesmo para as piores coisas, também parece que está muito longe de censurar o que é vergonhoso, porque o imita. Pois suspeitos são os que procuram as melhores coisas, que parecem se opor e se irritar com os erros dos amigos; de fato, o que indispôs Díon com Dionísio, Sâmio[81] com Filipe[82], e Cleômenes[83] com Ptolomeu[84], também por isso cada um deles morreu. Mas o bajulador, porque quer ser e parecer igualmente agradável e, ao mesmo tempo, confiável, finge alegrar-se mais com as piores coisas, como que por serem amadas profun-

---

[81] Poeta e epigrafista, século III a.C., foi amigo íntimo de Filipe V da Macedônia; por discordâncias, o rei ordenou que ele fosse executado.

[82] Filho de Demétrio II, 238-179 a.C, foi rei da Macedônia, pertencente à Casa dos Antigônidas, pois era neto de Antígono Gônatas. Filipe V é conhecido por ter sido o primeiro rei macedônio a guerrear, sem sucesso, contra os romanos.

[83] Filho de Leônidas II, rei da Casa dos Euripôntidas, 235-222 a.C. Por Esparta adotar o sistema de diarquia, reinou ao lado de Ágis, da Casa dos Ágidas. Ambos implementaram reformas profundas no sistema social espartano. Para mais detalhes, consultar as biografias de Ágis e Cleômenes escritas por Plutarco. Sobre o episódio envolvendo Ptolomeu Filopátor, consultar: *Vida de Cleômenes*, 33.

[84] Ptolomeu IV Filopátor, rei do Egito, 221-204 a.C., cujo epíteto significa "o que ama o pai".

53F · damente por alguém, não tem aversão às coisas vulgares, mas se mostra compassivo e acomodado por natureza com todas as coisas. Por isso, os bajuladores resignam-se em participar dos eventos involuntários e fortuitos, mas também, quando bajulam os que estão doentes, fingem adoecer de doenças semelhantes, também fingem que não enxergam nem ouvem com acuidade, se convivem com pessoas de visão limitada ou com problema de audição, tal como os bajuladores de Dionísio, que, quando ele estava com a vista fraca, caíam uns sobre os outros e derrubavam os pratos no banquete. Mas existem alguns ainda que se engajam mais para tornarem como seus próprios os sentimentos
54A · mais íntimos daqueles que bajulam, também introjetam sentimentos semelhantes, até os que são mais secretos. Pois, quando percebem que ou estão infelizes no casamento, ou estão suspeitando dos seus filhos ou dos seus domésticos, os bajuladores não levam em conta os seus próprios sentimentos e lamentam-se com eles a respeito dos seus próprios filhos, ou de sua própria mulher, ou de seus próprios parentes ou domésticos, declarando sigilosas algumas das causas. Pois a semelhança torna-os mais partícipes dos sentimentos uns dos outros, e mais, como se tivessem recebido garantias, entregam uma parte dos seus assuntos secretos para os bajuladores, que não os deixam sem dar atenção e temem que abandonem sua confiança. Mas eu mesmo conheço um bajulador que rechaçou sua mulher porque seu amigo mandou a sua embora.
54B · Mas, enquanto frequentava na surdina a sua casa para ter relações sexuais com ela e ainda lhe mandava mensagens, ele foi descoberto pela mulher de um amigo. Assim, era inexperiente a respeito de um bajulador aquele que considerava que os versos

iâmbicos⁸⁵ a seguir eram mais convenientes a um bajulador que a um caranguejo⁸⁶:

> *O corpo é todo estômago, um olho*
> *que enxerga de todos os lados, uma fera*
> *que se arrasta com os dentes;*⁸⁷

pois tal é o retrato do parasita,

> *um daqueles amigos em torno da frigideira*
> *e de durante o almoço,*⁸⁸

conforme Êupolis diz.

---

⁸⁵ O iambo é uma unidade rítmica do poema, formado por uma sílaba breve e uma longa (‿ –). O trímetro iâmbico era composto por três tempos formados por uma sílaba longa, seguida de uma breve e depois de outra longa (– ‿ – | – ‿ – | – ‿ –). O poeta que mais se destacou na composição de versos iâmbicos foi Arquíloco de Paros, século VII a.C., no gênero conhecido por poesia iâmbica, que estava associada à origem do culto de Deméter, cuja característica principal estava em seu tom satírico ou sarcástico. Por ter uma sonoridade muito próxima da linguagem cotidiana, o verso iâmbico era utilizado nos diálogos dramáticos.

⁸⁶ Plutarco faz referência ao mito de Cárcino (Καρκίνος, *Karkínos*), que deriva de καρκίνος (*Karkínos*), cujo significado é caranguejo. Cárcino era um caranguejo que vivia no pântano de Lerna. Durante a luta do herói Héracles contra a hidra, a mando de Hera, ele o mordeu no calcanhar, então Héracles o esmagou. Por gratidão, Hera o enviou para o céu, para o meio das constelações. Assim, Plutarco associa o caranguejo à fidelidade, pois Cárcino, mesmo sendo mais fraco que Héracles e ciente de que morreria na sua missão, cumpriu a vontade da deusa.

⁸⁷ Berck. *Poet. Lyr. Gr.* III, 669.

⁸⁸ Êupolis. Kock. *Com. Att. Frag.* I, 346.

10. Mas, sem dúvida, esse assunto não é apropriado ao nosso discurso e devemos parar de apresentá-lo; e aquele que não devemos deixar de lado é a habilidade do bajulador nas imitações, porque, ainda que imite algo das belas ações de quem ele está bajulando, preserva a superioridade para aquele. Pois não existe nenhum ciúme para com os que são verdadeiramente amigos, nem inveja uns dos outros, mas, ainda que tenham semelhante sucesso em determinado assunto, e ainda que menor, suportam o fato sem se ofender e com moderação. Mas o bajulador, sempre se recordando o segundo lugar que ocupa, desvencilha-se, pela semelhança, da igualdade, para dizer que foi vencido e destruído de todas as maneiras, concordando exceto pelas coisas que são vis. E não coloca de lado o primeiro lugar nos assuntos vis, mas afirma, se aquele for mal-humorado, que ele próprio é de humor sombrio; se aquele for supersticioso, ele mesmo é inspirado por uma divindade; se aquele ama, ele mesmo delira de amor. "A contratempo", ele diz, "estás rindo, mas eu pelo menos estou desfalecido pelo riso". Mas, certamente, nas coisas honradas, é o contrário. Ele próprio diz que corre rapidamente, mas que aquele voa; ele próprio cavalga de modo satisfatório, "mas o que é isso em comparação a um hipocentauro[89]? Eu sou um poeta de espírito aguçado e não escrevo um verso de nível inferior,

---

[89] O ἱπποκένταυρος (*hyppokéntauros*), em nossa língua: hipocentauro é um ser mítico metade homem, metade cavalo. Convém não confundir hipocentauro (ἱπποκένταυρος, *hyppokéntauros*) com Centauro (Κένταυρος, *Kéntauros*), este é um mostro nascido de Ixíon e de Néfele, ou um ser híbrido nascido de Centauro e dos cavalos da Tessália. Consultar o verbete do *Dicionário grego-português*, vol. 2 [ε-ι]. In: MALHADAS, Daisi; DEZZOTTI, Maria Celeste Consolin; e NEVES, Maria Helena de Moura (Orgs.). São Paulo: Ateliê Editorial,

*Eu não faço trovejar, mas isso é de Zeus.*⁹⁰

Pois, ao mesmo tempo que parece mostrar que está imitando a bela preferência de quem bajula, porque se deixa vencer, mostrando que sua capacidade é inacessível. Portanto, nessas assimilações, algumas dessa natureza são as diferenças do bajulador em relação ao amigo.

11. Mas, visto que, tal como foi dito, o consentimento de todos é próprio do prazer (pois o homem honesto não se alegra menos com os amigos que o vulgar com os bajuladores), vamos e devemos diferenciar também isso. E a sujeição para a sua finalidade é a diferença do prazer. E examina assim: existe de algum modo um odor agradável na essência perfumada, mas existe também no remédio. Distinguem-se porque a essência perfumada nasceu para o prazer e para nenhuma outra coisa, enquanto o remédio é o que depura, ou o que aquece, ou o que cicatriza por sua potencialidade, e ao acaso tem um odor agradável. Novamente, os pintores misturam cores e tintas brilhantes; existem ainda, dentre os remédios dos médicos, alguns que são brilhantes para a vista e que têm uma cor que não é desagradável. O que, então, faz a diferença? Ou é evidente que devemos distinguir a finalidade da sua serventia? Portanto, do mesmo modo, os agrados dos amigos, além de ser algo belo e útil, encantam tal

---

2007, e o já citado volume 3. Doravante, todos os verbetes analisados de ε a ι terão este dicionário como parâmetro.

⁹⁰ Calímaco, *Aetia*, fr. 1, 20.

como a abertura dos botões florais, mas, quando estão na brincadeira, à mesa, no vinho, por Zeus[91], no riso, na zombaria uns com os outros, como se servissem de temperos dos assuntos belos e sérios. Para o qual, de fato, o poeta também disse:

> *Deleitavam-se contando histórias*
> *uns para os outros.*[92]

e isto:

> *Nenhuma outra coisa poderia separar*
> *nossa amizade e deleite.*[93]

55A · Mas esse é o trabalho do adulador, também sua finalidade: sempre preparar o alimento e preparar com molho fino uma brincadeira ou uma ação ou um discurso, por prazer e para o prazer. Para expor em poucas palavras, o bajulador pensa que tudo deve fazer para o prazer, enquanto o amigo sempre está fazendo o que deve ser feito; às vezes, é prazeroso, mas às vezes é desagradável, embora não queira isso, mas, se isso for o melhor, não foge disso. Pois, tal como um médico, se for proveitoso,

---

[91] Plutarco faz muitas referências a Zeus neste tratado, possivelmente se trata de Zeus Hetairos, epíteto de Zeus, que significa literalmente "Companheiro"; por extensão, como sugere Chantraine, o deus da "Camaradagem", da "Amizade", assim, é o deus protetor das relações de amizade. Também pode se tratar do próprio Zeus Philíos, o que reconhecidamente rege a amizade.

[92] Homero. *Ilíada*. XI, 643.

[93] Homero. *Odisseia*. IV, 179.

aplicou-lhe açafrão e nardo, por Zeus, muitas vezes deu-lhe banhos com delicadeza e alimentou-o com bondade. E há ocasião em que, depois de ter deixado de lado essas coisas, passou-lhe castóreo[94]

*Ou o pólio[95] de mau odor, o que,
de fato, mais horrível cheira.*[96]

55B · ou foi obrigado a beber heléboro[97] depois de triturado, naquele momento, não porque tinha a finalidade de que fosse algo desagradável, nem em outro momento que fosse algo prazeroso, mas sobre uma única finalidade de levar na ocasião a cura do doente por meio de ambos os procedimentos. Assim é o amigo, quando sempre enaltece com um elogio e uma graça, encanta e conduz para o que é belo, tal como este:

---

[94] Trata-se de καστόριος (*kastórios*), segundo Houaiss, diz-se de ou composto, untuoso e acastanhado, com cheiro forte e penetrante, segregado por glândulas do períneo do castor [De largo uso na medicina antiga e, atualmente, ainda empregado como fixador em perfumes.] Acrescentamos que o castóreo tem propriedades antiespasmódicas.

[95] Conforme *Houaiss*, o πόλιος (*pólios*), erva (*Teucrium polium*) da família das labiadas, nativa do Mediterrâneo, de uso medicinal e semelhante ao maro, apresenta algumas variedades e subespécies; têucrio. Acrescentamos que o pólio tem propriedades curativas para as doenças estomacais.

[96] Nicandro, *Theriaca*, CXIV.

[97] O ἐλλέβορος (*helléboros*), ou heléboro, é uma planta medicinal utilizada para combater a loucura.

> *Teucro[98], cabeça amada, filho de Telamônio[99],
> comandante de guerreiros, lança assim.*[100]

E

> *Como, depois disso, eu poderia
> esquecer o divino Odisseu?*[101]

Mas, quando necessita novamente de uma represália, dirige-se com um discurso mordaz e com uma franqueza cheia de solicitude,

55C

> *És insensato, Menelau, nutrido por Zeus, tu
> não precisas desse tipo de demência.*[102]

---

[98] Filho de Télamon de Hesíone, meio irmão de Ájax. Teucro é mais novo que seu irmão e considerado o melhor arqueiro dentre os helenos. Embora Príamo seja o seu tio, Teucro participa da Guerra de Troia ao lado de seu irmão Ájax, a quem protegia, ficando atrás de seu escudo e lançando suas flechas continuamente. Quando Teucro retornou da Guerra de Troia e contou ao seu pai que seu irmão havia cometido suicídio, Télamon o expulsou de seu reino. Segundo Eurípides, Teucro refugiou-se no Egito, na corte do rei Proteu. Consultar a peça euripidiana *Helena*, 90-95.

[99] Epíteto para designar que Teucro é filho de Télamon, rei de Salamina.

[100] Homero, *Ilíada*, VIII, 281.

[101] Homero, *Ilíada*, X, 243, e *Odisseia* I, 65.

[102] Homero, *Ilíada*, VII, 109.

É quando também uniu a ação com a palavra, como Menedemo[103], visto que o filho do seu amigo Asclepíades era dissoluto e indisciplinado, porque lhe fechou as portas e não conversava com ele, tornou-se moderado; também Arcesilau[104], quando proibiu Báton[105] de frequentar sua escola, porque ele havia composto um verso contra Cleantes[106] em sua comédia, depois de ter persuadido Cleantes e tê-lo feito com que se arrependesse, ele mudou de ideia. Pois, se for útil, o amigo deve sofrer e não deve, se sofrer, destruir sua amizade, mas, como se serve de um remédio que é amargo, que salva e protege o que está sendo curado. Por isso, tal como um músico, o amigo é sempre útil e frequentemente agradável na mudança para o que é belo e conveniente; ora dá o tom a umas notas musicais, ora as torna mais agudas; mas o bajulador está acostumado, a partir de uma única nota musical sempre ressoar suavemente, sempre o que é agradável e voltado para o encanto, não conhece nenhuma ação contraditória nem uma palavra dolorosa, mas acompanha somente o que o outro deseja, sempre cantando no mesmo tom e estando de acordo

---

[103] Nascido em Erétria, cidade da Eubeia, séc. IV, filósofo da Escola Eleia, seguidor de Sócrates e discípulo de Fédon.

[104] Arcesilau de Pítana, 316-241 a.C., filósofo e matemático. Dirigiu a Academia, 268-241 a.C., direcionando-a para os estudos céticos, cujo método era argumentar a favor e contra uma proposição, o que levava a conclusões contrárias e ao fim do julgamento.

[105] Comediógrafo ateniense da chamada Comédia Média, séc. III a.C.

[106] Nascido em Asso, 331-232 a.C., filósofo estoico, foi discípulo de Zenão, chegando a sucedê-lo na Escola Estoica. Cleantes é conhecido por ter escrito um *Hino a Zeus*, no qual reflete sobre o livre-arbítrio, condicionando os acontecimentos à vontade do deus, excetuando os maus atos.

com ele. Portanto, tal como Agesilau[107], Xenofonte[108] disse que era prazerosamente elogiado por ele e que ele o censurava quando queria; assim, o que é moderado e encantador deve guiar o que é próprio da amizade e, vez ou outra, pode ser doloroso e contraditório, e desconfiar da companhia constante que existe para com os prazeres e para o encantamento, sempre intemperante e incólume também por Zeus, que tem à mão o dito de um lacônio[109] que, depois de o rei Carilo ter sido elogiado, disse: "Como ele é honesto, que não é nada duro com os perversos?".

12. Portanto, dizem que o tavão[110] entra nos touros pelas orelhas; e o rícino[111], nas dos cães; e o adulador apanha as orelhas dos ambiciosos com seus elogios, por que se apega firmemente a elas, é difícil de ser eliminado. Por isso, nesse momento, deve-se ter um julgamento mais atento e precavido, se o elogio é do ocorrido ou do homem. Mas, se for do ocorrido, se elogiam mais os ausentes que os presentes, também se eles querem as mesmas coisas, se não zelam somente por nós, mas elogiam a todos em

---

[107] Xenofonte. *Agesilau*. XI, 5.

[108] Escritor e soldado mercenário, 430-355 a.C. Filho de Grilo, não se sabe o nome de sua mãe, foi amigo de Sócrates na juventude, a quem dedicou uma obra intitulada *Apologia de Sócrates*. Admirador de Esparta, Xenofonte lutou no exército espartano ao lado do rei Agesilau, para quem escreveu um encômio, mas antes serviu como soldado mercenário no exército de Ciro, quando participou da famosa travessia dos 10 mil, que ele registrou em sua obra *Anábase*.

[109] Habitante da Lacônia, ou região da Lacedemônia, que está situada ao sul da península do Peloponeso.

[110] Segundo *Houaiss*, tavão é uma "espécie de mosca ou moscardo que persegue o gado".

[111] Uma espécie de arbusto que produz bagas de onde se extrai o óleo.

circunstâncias semelhantes, se agora se mostram dizendo as mesmas coisas e na realidade fazem coisas contrárias; e o que é mais importante, se nós próprios conhecemos a nós mesmos para que não nos arrependamos nos momentos em que somos elogiados, nem quando estamos envergonhados, nem quando não desejamos que as coisas mais contrárias sejam feitas ou ditas por nós. Pois o julgamento feito por nós mesmos testemunha contra isso e não aceita o elogio, é insensível e intocável, também incorruptível por aquele que está bajulando. Mas não sei como a maioria não suporta suas exortações nos momentos adversos, mas são mais levados por aqueles que estão chorando com lamúrias e se lamentando; mas quando cometem erros e crimes, aquele que introduz uma palavra mordaz com uma acusação e uma censura, para que se arrependa, parece que é um inimigo e um acusador, mas o outro, que faz um elogio e fala bem das coisas que foram feitas, eles o saúdam e o consideram benevolente e amigo. Portanto, os que se apressam e se alegram com qualquer coisa que seja, que comodamente elogiam e aplaudem com alegria quer uma ação, quer uma palavra, esses são prejudiciais somente para o momento presente e para as coisas que estão ao alcance das mãos; mas, os que atingem o caráter com os seus elogios, por Zeus, tocam o modo de ser de alguém com sua bajulação, fazem o mesmo que os escravos domésticos, os quais roubam não da pilha de grãos, mas desde a sua semente; pois a semente das ações é a disposição e o caráter, desvia o princípio e a fonte da vida, atribuindo nomes de virtudes para a maldade. Pois, nos momentos das dissensões e das guerras, Tucídides diz: "Mudam o significado habitual dos nomes para as ações por julgarem isso justo. Pois a audácia irracional é nomeada de coragem afeiçoada

56C · aos amigos, e a contemporização previdente é nomeada de covardia de bela aparência, e a moderação é nomeada de pretexto do fraco, também a inteligência em relação a tudo é nomeada de total ociosidade".[112] E, nas bajulações, é preciso ver e se precaver da prodigalidade que é chamada de liberalidade, da covardia que é chamada de segurança, da instabilidade que é chamada de vivacidade, da mesquinhez chamada de prudência, daquele que é avidamente apaixonado por algo ser chamado de sociável e devotado, do que é corajoso ser chamado de irascível e arrogante, do

56D · que é benevolente ser chamado de vulgar e vil. Como quando também Platão diz que o amante é bajulador daqueles que ama, que o de nariz achatado chama de gracioso, o de nariz adunco chama de régio, os de pele negra chama de homens viris, os de pele branca chama de filhos dos deuses; mas a pele da cor do mel do amado é por completo um fingimento para tratá-lo com mimo e suportar com facilidade a sua palidez. Por certo, o feio é convencido de que é belo, ou o de baixa estatura de que é alto,

56E · não por muito tempo convive com esse engano e é prejudicado por um dano simples e que não é difícil de ser remediado. Mas, quando o elogio está acostumado a utilizar essas maldades como se fossem virtudes, também não fica pesaroso, mas alegra-se por utilizá-las, também retirando o que é vergonhoso dos erros cometidos, esse é o que destruiu os sicilianos quando declararam que a crueldade de Dionísio e de Faláris[113] era um ódio à maldade, esse é o que arruinou o Egito, quando chamaram a efeminação

---

[112] Tucídides. *História da Guerra do Peloponeso*. III, 82.

[113] Tirano de Ácragas, cidade localizada na Sicília, 565 a 550 a.C.

de Ptolomeu[114], a sua superstição, seu clamor feminino ao invocar os deuses e suas percussões dos tamborins de piedade e de adoração dos deuses, esse é o que naquele tempo destruiu e arruinou os caracteres dos romanos e os levou para a insensatez, quando as luxúrias de Antônio[115], as suas licenciosidades, suas ostentações nas celebrações das festas solenes, seus gracejos nos assuntos e nas ações benevolentes, quando, por meio de eufemismo, diziam que seu poder e sua sorte sem limite eram utilizados por ele. O que prendeu Ptolomeu, senão a forbeia[116] e a flauta, o que levou Nero para a cena[117] da tragédia, a vestir a máscara e o coturno? Não foi o elogio dos seus aduladores? E grande parte dos reis não são agradados e chamados de Apolos[118], quando murmuram com voz plangente uma melodia, e Dionisos[119], quando estão

---

[114] Trata-se de Ptolomeu Filopátor; consultar notas 70 e 71.

[115] Marco Antônio, 83-30 a.C., nasceu em Roma e cometeu suicídio na cidade egípcia de Alexandria. Exerceu vários cargos de prestígio em Roma. Amigo de Júlio César, participou ao seu lado do Segundo Triunvirato. O episódio mais famoso de sua vida é o seu envolvimento com Cleópatra, a rainha do Egito, cuja vida luxuosa ao lado de sua amante tornou-se famosa em sua época. É dela que Plutarco trata neste parágrafo, que ele registra no nono capítulo da biografia do romano. Para mais detalhes sobre Marco Antônio, consultar: Plutarco. *Vida de Antônio*.

[116] A φορβειά (*phorbeiá*), a forbeia é um pedaço de couro que os tocadores de flauta fixam em torno dos lábios para suavizar o som.

[117] A σκηνή (*skēnḗ*), a "cena", era a parte física do teatro onde ficavam os atores, o que denominamos hoje de palco.

[118] Referência ao deus Apolo, Filho de Zeus e Leto, deus da adivinhação e da música, conhecido por sua excepcional beleza física.

[119] Menção feita ao deus Dioniso, filho de Zeus e Sêmele, deus da vinha, do vinho e do delírio místico. Um episódio marca o nascimento de Dioniso: sua mãe pede a Zeus que lhe apareça com todo o seu esplendor. Zeus atende ao seu pedido; no entanto, o fulgor divino foi tamanho, que Sêmele se transformou

embriagados, e Héracles[120], quando estão lutando, pelo bajulador que os conduzem para todo tipo de vergonha?

13. Por isso, deve-se estar mais atento ao bajulador e a respeito dos seus elogios. O que não passa despercebido para ele mesmo, mas, como é habilidoso, ele se acautela da suspeita, quando apanha alguém vestido com roupas de belas franjas ou alguém rústico trajando pele espessa e dura; serve-se de uma completa zombaria, como Estrútias[121], quando caminhava com Bias[122], insultando sua estupidez com seus elogios:

Bebeste mais que o rei Alexandre.[123]

E

Rio quando me lembro do dito
em relação ao cipriota.[124]

---

em cinzas. Antes disso, como estava grávida de seis meses, Zeus rapidamente retirou-lhe o filho e o costurou em sua coxa.

[120] Filho de Zeus e Alcmena, são inúmeras as histórias que envolvem o herói grego; dentre as mais famosas, está o ciclo dos Doze Trabalhos, façanhas executadas por determinação de seu primo Euristeu, como expiação pelo assassinato dos filhos que gerara com Mégara. Plutarco compôs uma biografia sobre o herói da qual nos resta apenas um fragmento recolhido por Robert Flacelière (fr. 8 Fl.).

[121] Personagem da comédia *O bajulador*, de Menandro.

[122] Como Estrútias, uma personagem da comédia *O bajulador*, de Menandro.

[123] Menandro. *O bajulador*. Kock, *Com. Att. Frag.*, III 293.

[124] Menandro. *O bajulador*. Kock, *Com. Att. Frag.*, III, 29.

Mas, quando vê aqueles que são mais hábeis na linguagem, os que prestam mais atenção nele e ficam precavidos nesse território e espaço, não introduz nenhum elogio direto, mas, afastando-se para muito longe, anda em círculo e

57B ·
*Aproxima-se, sem ruído,
tal um animal sendo domesticado,*[125]

tocando-o levemente e colocando-o à prova. Pois, nessas circunstâncias, solta os elogios de uns para outros a respeito dele, como fazem os oradores, utilizando a máscara de outro, dizendo estava na ágora[126] com estrangeiros e embaixadores, onde muito prazerosamente relembravam muitas coisas boas a respeito dele e que também estavam admirados com elas; na verdade, uma vez mais, moldando e compondo com mentiras ligeiros motivos em torno dele, como se tivesse ouvido de outros, alcança-o com rapidez, porque ele procura saber onde se disse isso, ou onde isso foi feito. Quando ele refuta o dito, como é natural, a partir desse
57C · ponto, capturando-o, cobre o homem com seus elogios, "mas eu estava admirado que tu falaste mal dos teus amigos íntimos, que não és naturalmente assim quanto aos teus inimigos, se tu tivesses te apropriados dos bens alheios, o quanto presenteaste dos teus próprios".

---

[125] A autoria e o texto de onde provém esta citação nos são desconhecidos.

[126] Praça principal de uma cidade helena, com construções públicas, templos e comércios, na qual eram realizadas assembleias e debates entre os cidadãos, considerado um espaço de manifestação da cidadania.

14. Então, outros, tal como os pintores[127], evidenciam os pontos luzentes e brilhantes com cores escuras e sombras, colocados juntos ao seu lado; assim, quando censuram as coisas contrárias, ou criticam, ou zombam, passam despercebidos, elogiando e alimentando as coisas ruins que se apresentam nos que são bajulados. Pois censuram a prudência como se fosse rudeza entre os perdulários e, quando, entre os gananciosos, entre os criminosos e entre os que enriqueceram por ações vergonhosas e malvadas, censuram a satisfação pessoal e o senso de justiça como se fossem covardia e fraqueza; quando estão companhia dos indolentes, dos ociosos e com os que "evitam os espaços públicos das cidades"[128], não se envergonham de nomear a atividade política como uma trabalhosa ingerência nos assuntos dos outros, e a ambição como uma vaidade estéril. Já a bajulação do orador ridiculariza o

57D

---

[127] O paralelo do pintor e o seu jogo de luzes com aquele que utiliza expedientes maliciosos para acobertar atos reprováveis também é utilizado por Plutarco em seu tratado *Da malícia de Heródoto*, 863E, em que ele escreve: "Tal como os pintores tornam mais evidentes as coisas claras com a sombra, assim também Heródoto evidencia mais as calúnias e aprofunda mais as suspeições com suas ambiguidades!". *Da malícia de Heródoto*. Estudo, tradução e notas de Maria Aparecida de Oliveira Silva. In: Plutarco. São Paulo: Edusp/Fapesp, 2013.

[128] Platão. *Górgias*, 485d. Neste diálogo de Platão, Cálicles afirma: "Quando vejo uma pessoa mais velha ainda insistindo na filosofia, sem deixá-la de lado, é esse *homem*, Sócrates que penso estar necessitando de açoitamento. Com efeito, como disse há pouco, essa pessoa, não importa quão bem dotada seja, está condenada a se tornar destituída de virilidade ao evitar os centros da cidade e os centros comerciais, no quais, de acordo com o poeta (Homero. *Ilíada*, IX, 441), *homens* obtêm reputação e glória". *Diálogos Socráticos II. Górgias (ou Da Retórica). Eutidemo (ou Da Disputa). Hípias Maior (ou Do Belo). Hípias Menor (ou Do falso)*. Tradução, textos complementares e notas de Edson Bini. In: *Platão*. São Paulo: Edipro, 2007. Portanto, vemos que os τὰ μέσα (*tà mésa*), "centros da cidade" ou "espaços públicos" são locais em que o cidadão se capacita para a vida pública.

filósofo e, junto às mulheres licenciosas, parecem gloriosos os que chamam as que são fiéis e amantes dos seus maridos de não serem favorecidas por Afrodite[129] e de serem rústicas. Mas ultrapassa a perversidade o fato de os bajuladores não conterem a si próprios. Pois, como os lutadores abaixam o corpo, a fim de derrubar os outros no chão, assim, para censurar a si próprios, degradam-se para admirar os que estão próximos. "Um escravo cativo, sou mais covarde no mar, às fadigas renuncio, enlouqueço pela cólera, se me ofendem; mas esse", diz o bajulador. "Não tem medo de nada, não é perverso, mas é um homem peculiar, suporta tudo com calma, tudo sem tristeza." E se alguém, pensando que tem muita inteligência e querendo ser austero e firme pelo que é correto, sempre emite este dito:

Filho[130] de Tideu[131], não me louves nem me insultes muito,[132]

O bajulador versado na arte não avança para esse lado, mas é alguém que tem outro plano para um homem dessa natu-

---

[129] Deusa do amor, filha de Urano, nascida dos órgãos sexuais de seu pai, que foram cortados por Crono e caíram nas ondas do mar. De suas espumas, nasceu a deusa Afrodite. Pelas águas do mar, a deusa foi levada à ilha de Citera e, em seguida, a Cipro, nome da atual ilha de Chipre.

[130] Trata-se de Diomedes, herói da Guerra de Troia, filho de Tideu e Deípile. O herói é conhecido por ser companheiro inseparável de Odisseu nas missões mais difíceis, como na de convencer o rei Agamêmnon a sacrificar sua filha Ifigênia em Áulis, tema de uma peça de Eurípides intitulada *Ifigênia em Áulis*.

[131] Tideu é um herói etólio, filho do rei Eneu e de Peribeia, famoso por ter participado da expedição dos Sete contra Tebas, cuja história é contada na peça de Ésquilo intitulada *Sete contra Tebas*.

[132] Homero. *Ilíada*, X, 249.

reza. Pois vem junto a ele por seus assuntos particulares, como se de fato tivesse o propósito prodigioso de ser aconselhado por ele, e diz que tem outros amigos mais íntimos, mas que está necessariamente preocupado com aquele; "pois para onde nos refugiamos quando necessitamos de um conselho, e em quem devemos confiar?" Depois, ao ouvir o que o outro disse, afirma que recebeu um oráculo, que não parte com um conselho. E ainda se vê que ele reivindica para si mesmo a experiência com as letras, entrega-lhe um dos seus escritos, pedindo-lhe que o leia e corrija. Para o rei Mitridates[133], que tinha gosto pela Medicina, alguns dos seus companheiros apresentavam-se para que eles fossem cortados e cauterizados, bajulando-o com ação, não com palavra; pois serviam como testemunhas da sua experiência, enquanto o rei pensava que tinha a confiança deles.

Muitas são as formas das divindades,[134]

E essa espécie de elogios negativos necessita das mais hábeis cautelas; os astutos absurdos devem ser detectados quando dispõem seus conselhos e recomendações e propõem correções

---

[133] Não sabemos a respeito de qual Mitridates Plutarco está se referindo, pois encontramos reis com esse mesmo nome em Ponto, Pártia, Ibéria, Cio, Bósforo e Comagene, em várias gerações. Provavelmente, está fazendo menção a um dos três que reinaram em Comagene, visto que seu amigo Antíoco Filopapo, herdeiro do trono de Comagene, teve seu reino dominado pelo Império Romano. Para mais detalhes sobre sua história e sua relação com o poderio romano, consultar: *Plutarco e Roma*: o mundo grego no Império. Maria Aparecida de Oliveira Silva. São Paulo: Edusp, 2014, p. 146-148.

[134] Eurípides, *Bacantes*, 1388, e outras, pois é um verso recorrente nas peças euripidianas.

irracionais. Pois, se não contestar nada, mas em tudo estiver de acordo e aceitar todas as suas palavras, gritando para cada uma delas que está bem e belamente dita, torna-se evidente que

Ao perguntar pelo sinal combinado, está buscando outro interesse,[135]

querendo elogiar e ajudar a tornar vaidoso o bajulado.

15. Ainda, então, tal como alguns demonstram que a pintura é uma poesia silenciosa, assim existe um tipo de elogio que é uma bajulação silenciosa. Pois, tal como os caçadores não parecem que fazem isso, mas que passeiam, ou pastoreando ou cultivando a terra, e passam mais despercebido para a caça, assim os bajuladores mantêm-se mais próximos com seus elogios, quando parecem que não elogiam, mas que fazem outra coisa. Pois o que parece dar seu lugar e seu assento ao que está chegando, discursando para o povo ou em assembleia, quando percebe que algum dos ricos quer discursar, silencia-se no meio do seu discurso e concede a tribuna e a palavra, mostra-se silencioso, mais do que aquele que está gritando que é se considera o melhor e que se difere dele por julgar com sabedoria. Por isso, é possível ver que eles tomam os primeiros assentos nos auditórios e nos teatros, não porque se julgam dignos desses lugares, mas a fim de que possam bajular os ricos, levantando para lhe conceder seus assentos e sendo os primeiros a começar seu discurso nas

---

[135] Nauck, *Trag. Graec. Frag.*, Adesp, nº 365.

reuniões e nos conselhos, logo se retirando em favor dos mais poderosos e mudando com facilidade para o argumento contrário, se o que estiver se contrapondo aos seus argumentos for poderoso, ou rico ou de boa reputação. Por isso, também os atos de condescendência e essas retiradas, sobretudo, dessa natureza devem ser verificados, se são concedidos não pelas experiências, nem pelas virtudes, nem pela idade, mas por serem ricos e famosos. Pois o pintor Apeles[136], quando Megabizo[137] estava sentado ao seu lado e queria conversar sobre o que ele estava desenhando e a respeito da sombra, ele disse: "Vês os jovens meninos aqui triturando a terra de Melos[138]? Prestavam muita atenção em ti enquanto estavas em silêncio e admiravam tua roupa púrpura e tuas peças de ouro; e agora estão rindo de ti, porque começaste a falar a respeito do que não sabes". E Sólon[139], procurando saber de Creso[140] sobre a

---

[136] Natural da ilha de Cós, século IV a.C., segundo Plínio, o Velho, em suas *Histórias Naturais*, XXXV-XXXVI, Apeles foi o melhor pintor de seu tempo, e se tornou famoso por um retrato perfeito que pintara de Alexandre, o Grande.

[137] Personagem desconhecida.

[138] Ilha helena localizada no Mar Egeu, integra o complexo de ilhas chamadas de Cíclades, por seu formato circular. Por se tratar de uma ilha vulcânica, sua terra possuía especial textura e coloração, também servia para a fixação de outros compostos utilizados para colorir.

[139] Legislador e poeta ateniense, século VI a.C., também considerado um dos Sete Sábios. Sobre ele, há uma biografia plutarquiana; ler Plutarco. *Vida de Sólon*. Também podemos colher informações a seu respeito em *Constituição Ateniense*, de Aristóteles, e de seus próprios poemas e fragmentos deles remanescentes em nosso tempo.

[140] Rei da Lídia entre 560-546 a.C., sucedeu seu pai, Aliates, e deu prosseguimento à conquista da Jônia. Mantinha amizade com os helenos, além de ser benfeitor do Oráculo de Delfos, sendo também assíduo consulente da Pitonisa. Perdeu seu reino em uma guerra contra Ciro, rei da Pérsia. Segundo Heródoto, após ter gritado o nome de Sólon quando estava na fogueira, Ciro ordenou sua

felicidade[141], revelou-lhe que um certo Telo[142], que não estava entre os notáveis de Atenas, e ainda revelou que Cléobis e Bíton[143] tinham sido mais felizes. Mas os bajuladores proclamam que os reis, os ricos e governantes não são somente felizes e bem-aventurados, mas também os primeiros em sabedoria, arte e em toda espécie de virtude.

16. Depois, alguns não suportam ouvir os estoicos, quando proclamam que o sábio é igualmente rico, belo, nobre e rei, enquanto os bajuladores demonstram que o rico é igualmente orador e poeta, se ele o quiser, também pintor, tocador de flauta, de pés ágeis[144] e robusto, caem sob os seus golpes na luta e deixam-se ultrapassar na corrida, tal como Criso[145] de

---

retirada da pira e ouviu seu relato. Admirado pela sapiência de suas palavras, manteve-o vivo e o nomeou seu conselheiro. Consultar: *Histórias*. Livro I, 86.

[141] Episódio narrado por Heródoto, *Histórias*, I, 30-33 e por Plutarco, *Vida de Sólon*, XXVII.

[142] Personagem conhecida por sua luta exemplar na batalha ocorrida nas imediações de Elêusis, dedicou-se até a morte para defender os interesses políticos e econômicos dos atenienses.

[143] Dois irmãos argivos cuja história se encontra apenas em Heródoto. No entanto, duas estátuas foram descobertas no sítio arqueológico de Delfos, que trazem em suas bases, cada uma em sua estela, inscrições identificadas como sendo relativas a Cléobis e Bíton. Essas estátuas são atribuídas ao escultor heleno Polimedes de Argos, 580 a.C., e integram o acervo do Museu Arqueológico de Delfos.

[144] Interessante que o termo em grego ποδώκη (*podókē*), grafado por Plutarco, também é o epíteto que Homero dá ao herói Aquiles. Ver, por exemplo, *Ilíada*, II, 860.

[145] Personagem desconhecida.

Hímera[146] se deixou ultrapassar quando corria com Alexandre. Carnéades[147] costumava dizer que os filhos dos reis e dos ricos aprendiam somente a cavalgar, mas não aprendiam nenhuma outra coisa bem e belamente; pois o seu professor bajulava-os, elogiando-os nas suas argumentações, assim também o que estava lutando quando se deixava derrubar, mas o cavalo não estava ciente nem preocupado se quem quer que fosse era um homem comum, ou um governante, ou um rico, ou um pobre, derrubava no chão os que não eram capazes de montar. Simplórias e tolas são estas palavras de Bíon[148]: "Se, por elogiar o meu campo, tivesse a intenção de torná-lo produtivo e fértil, logo não pareceria que cometo um erro, se não fizesse isso mais que cavá-lo e trabalhar nele? Portanto, não seria estranho se fosse louvar um homem, se isso é útil e produtivo somente para os que fazem os elogios."[149] Pois o campo não se torna pior quando é elogiado, mas os que, enganosamente e sem que ele seja digno, elogiam um homem, eles o iludem e o destroem.

---

[146] Cidade situada na costa norte da Sicília.

[147] Filósofo, 213-129 a.C, nasceu em Cirene, foi chefe da Academia fundada por Platão. Sua filosofia era de natureza cínica; embora não tenha escrito nenhuma obra, seu discípulo Clitômaco escreveu sobre sua filosofia; mais tarde, o orador romano Cícero também registra grande parte desses escritos em suas obras.

[148] Bíon de Borístenes, 325-250 a.C., filósofo cínico, autor de *Diatribes*. Para mais detalhes, consultar: Diógenes de Laércio. *Vidas e doutrinas dos filósofos ilustres*, IV, 51-54.

[149] Citação desconhecida quanto à sua obra de origem.

17. Portanto, isso é suficiente sobre esse assunto; e devemos observar em seguida a questão da franqueza. Pois deveria, como Pátroclo[150] apoderou-se das armas de Aquiles e conduziu seus cavalos para a batalha, somente não ousou tocar a lança, mas a manteve longe, assim é o bajulador que se disfarça e se imagina com os sinais e as credenciais dos amigos, mantendo longe somente a sua franqueza, tal como carregasse a carga da amizade,

Pesada, grande e firme[151]

deixam para trás intocável e inimitável. Visto que escapam dela com um sorriso, no vinho puro, com um sarcasmo e com brincadeiras, ocasião de provar pela sobrancelha que já elevam a questão, bajulam, mantendo um ar contrariado e misturando uma censura com um conselho, não vamos nem devemos deixar isso de lado sem ser examinado. E, penso, tal como na comédia de Menandro[152], que há a entrada de um falso Héracles portando uma clava que não era firme nem forte, mas um molde oco e leve, assim a franqueza do bajulador se mostra aos que são experientes como sendo fraca e superficial e que não tem vigor,

---

[150] Filho de Menécio e de Esténele, natural de Opunte. O melhor amigo de Aquiles na *Ilíada*, de Homero, a amizade deles tornou-se um exemplo para os autores da Antiguidade.

[151] Homero. *Ilíada*, XVI, 141.

[152] Nascido em Atenas, 342-289 a.C., comediógrafo da chamada Comédia Nova, escreveu 108 peças, das quais somente 8 chegaram aos nossos dias. Aristófanes de Bizâncio colocou-o em segundo lugar entre os poetas antigos, ficando atrás somente de Homero. Plutarco também exalta as qualidades de Menandro, em seu tratado *Epítome da comparação de Aristófanes e Menandro*.

mas essas mesmas características utilizadas para os travesseiros das mulheres, que parecem apoiar e suportar suas cabeças, mas sucumbem e cedem mais; tal como essa falsa franqueza, que tem a característica de ser oca, mentirosa, falaciosa, exalta-se de importância e se infla, a fim de que, depois de caído e sucumbido, receber e envolver quem foi derrubado por ela mesma. Pois a verdadeira e amigável franqueza exercita-se contra aqueles que cometeram erros, tem a característica de ser salvadora e de ter uma dor solícita, tal como o que ocorre com o mel, comprime a úlcera e a purifica, mas, para as outras ocasiões, é proveitoso e doce, a respeito disso haverá um discurso particular. Mas o bajulador é o primeiro a se mostrar como alguém amargo, exigente, inflexível com os outros nessas circunstâncias (pois é intratável com os seus servos e severo ao atacar os erros dos seus parentes e familiares e não há nada para admirar nem notar dentre os de fora, mas para menosprezar, não perdoando os outros, sendo caluniador no momento em que os estimula à cólera, perseguindo a reputação de odiar a perversidade, como se não cedesse contra a vontade à franqueza aos outros nem fizesse nada, nem dissesse nada por uma gratidão), depois, fingindo não ver nada nem conhecer os verdadeiros e grandiosos erros, mas é severo para mover-se contra os pequenos e leves defeitos dos estranhos e repreendê-los com vigor e veemência, quando vê um vaso colocado de forma descuidada, alguém habitando uma casa sem cuidado, negligenciando os seus cabelos ou vestimenta, ou um cão, ou um cavalo, que não é cuidado de forma digna; mas a negligência com os pais, o descuido com os filhos, a desonra com a esposa, o desdém com os familiares e a destruição de suas riquezas não são nada para ele, mas fica sem voz e sem coragem nessas circunstâncias, tal como um treinador que permite que seu atleta fique embriagado e seja licencioso, depois ser intratável a respeito do lécito[153] e do estrigilo[154], ou o professor de gramática que não repreende seu menino pela tabuinha e pelo estilete, quando não parece tê-lo ouvido cometer um solecismo[155] e um barbarismo[156]. Pois esse tipo de bajulador é o tal que não saber dizer nada com relação ao discurso do orador ruim e ridículo, mas apresenta como causa a sua voz e duramente acusa que ele destrói sua garganta quando bebe água gelada, e se lhe for pedido que discorra sobre um discurso escrito lastimável, apresenta como causa o rolo de papiro que chama de espesso e o escriba de abominável e negligente. Assim ainda os bajuladores que Ptolomeu tinha, porque se julgava um amante do estudo, quando disputavam com ele sobre a língua e um assunto irrelevante, também sobre histórias, e prolongavam isso até o meio da noite; mas, quando utilizava sua crueldade e violência, fazendo tocar os seus tamborins e rituais iniciáticos, ninguém desses tantos se colocava no meio. Tal como se algum homem, porque tem fístulas e tumores, tivesse os seus cabelos e as suas unhas cortadas pelo bisturi do médico, assim os bajuladores empregam sua franqueza nas partes que não estão doloridas nem sofrendo.

---

[153] O ληκύθος (*lēkýthos*), ou lécito, era um recipiente próprio para os atletas guardarem o azeite de oliva que passavam em seu corpo durante os treinamentos e as disputas.

[154] O στλεγγίς (*stlengís*), ou estrigilo, era um raspador, ou uma almofada, para tirar o óleo e o pó no banho ou no ginásio.

[155] Não respeitar as regras gramaticais da língua.

[156] O uso de palavras ou expressões estranhas à língua.

18. E ainda existem outros dentre esses que são mais malvados, que utilizam a sua franqueza e a sua capacidade de censurar para ser agradável. Como Ágis[157], o Argivo, que alguém provocava o riso de Alexandre quando lhe dava um grande presente, por inveja e pena, gritou em altos brados: "Que grande absurdo", e o rei, em cólera, voltando para ele, disse em resposta: "O que tu, de fato, estás dizendo?" e, em resposta, ele disse: "Concordo que estou aflito por causa disso e que me sinto fortemente irritado, quando vos vejo, vós, filhos de Zeus, todos, do mesmo modo, ficam alegres com homens ridículos e bajuladores; de fato, Héracles, com um certo Cécrops[158], também os Silenos[159] e Dioniso se deleitava, é possível ver que esses que têm essa mesma natureza são estimados por ti". E Tibério César[160] um dia, quando chegou ao senado, um dos seus bajuladores levantou-se, e ele disse que os homens que eram livres deveriam ter franqueza e não deveriam ser subordinados nem ficar silentes diante dos assuntos

---

[157] Poeta alexandrino que conviveu com Alexandre, o Grande, em sua corte, conforme o relato de Arriano, *Anábase*, IV, 9, 9.

[158] Um dos reis míticos de Atenas, nasceu do próprio solo da Ática, que passou a se chamar Cecrópia; antes dele, era chamada de Acte. Cécrops tinha uma natureza dupla, metade homem, metade serpente, o que evidenciava sua filiação, pois todo filho de Geia era rastejante. Foi durante o seu reinado que os deuses disputaram quais cidades seriam submetidas aos seus poderes.

[159] Semideuses frígios, companheiros de Dioniso que os poetas e artistas representam como velhinhos calvos, gorduchos, com orelhas de porco e bêbados, ou com caldas e cascos de boi ou bode. Atribuem-lhe o dom da inspiração profética e a invenção da flauta.

[160] Imperador romano, 42-37 d.C., seu nome era Tibério Cláudio Nero, mas depois de o Imperador Augusto ter adotado o nome de César, deixando de ser chamado Otaviano para ser César Augusto em 27 a.C., os imperadores que o sucederam adotaram o costume de incluir César em seus nomes.

que aparecessem na discussão; e assim todos se ergueram, surgiu um silêncio para ele e Tibério continuou: "Escuta, César, o que todos te reprovamos, mas ninguém tem coragem de dizer isso claramente. És descuidado contigo mesmo, negligencias o teu corpo e estás sempre exausto com preocupações e trabalhos por nós, não parando nem de dia nem de noite". E depois de muito tempo que ele continuava proferindo tal discurso, conta-se que o orador Cássio Severo[161] disse: "essa franqueza matará esse homem."[162]

19. E essas bajulações aqui são as menos importantes; já aquelas que são mais difíceis e ruinosas aos néscios, quando os bajuladores os acusam de paixões e defeitos contrários aos seus (tal como Himério, o bajulador, acusava um dos ricos de ser o mais servil e mesquinho entre os cidadãos de Atenas, que era um perdulário, negligente, porque terrivelmente passava fome com os seus filhos), ou os néscios, ainda uma vez, também reprovando os que são extravagantes pela sua mesquinhez e avareza sórdida (como Tito Petrônio[163] a Nero[164]), ou aqueles que

---

[161] Personagem desconhecida.

[162] Episódio narrado somente neste tratado, portanto, desconhecemos o seu contexto mais amplo.

[163] Escritor, século I d.C., autor de *Satíricon*, um romance de costumes romano, de cunho satírico, provavelmente escrito entre 63-66 a.C.

[164] Lúcio Domício Enobarbo, 37-68 d.C., foi imperador de Roma entre 54 e 68 d.C. Imperador conhecido pelo grande incêndio que houve em Roma. Com versões controversas, a mais famosa é a de que ele incendiou seu próprio palácio, conhecido por Domus Aurea, em 64 a.C., mas o imperador acusou os cristãos e passou a persegui-los.

incentivam os governantes a atuar com crueldade e selvageria, os submissos pedem que abandonem a sua intensa benevolência, a sua inoportuna e inútil piedade. Semelhante a esses também é o que finge precaver-se e temer o que é um ingênuo, incapaz de decidir e tolo, como se fosse um homem terrível e maldoso, e o que é próprio do tipo invejoso é ainda sempre falar mal e censurar, quando um dia foi forçado a elogiar um dentre os que tinham boa reputação, atacando e contrapondo-se como se ele tivesse esse vício, louvar homens que não tem nenhuma dignidade. "Quem é esse, ou o que de brilhante disse ou fez?" É, sobretudo, a respeito dos assuntos do amor que envolvem os que são bajulados e os inflama. Pois, quando os veem tendo divergências com seus irmãos, ou desprezando seus pais, ou agindo de modo suspeitoso com suas mulheres, não os aconselham nem os repreendem, mas os incitam para as ações coléricas. "Pois não percebes a ti mesmo" e "Tu és o responsável por essas coisas, sempre te declarando de modo cuidadoso e de maneira submissa".

Mas, se for contra uma cortesã ou uma mulher adúltera enamorada, uma irritação nascida da cólera e da inveja, a bajulação apresenta-se rapidamente com a brilhante franqueza, colocando fogo sobre fogo, pleiteando uma causa junto ao magistrado e acusando o amante porque fez muitas coisas por falta de amor, rudes e repreensíveis:

Ó ingrato, dos meus frequentes beijos.[165]

---

[165] Ésquilo, fr. 135, Nauck, excerto da peça perdida *Mirmídones*. Plutarco cita este verso ainda em seus tratados *Assuntos de banquete*, 715C e *Diálogo do amor*, 751C.

Assim fizeram os amigos de Antônio quando ele estava enamorado no Egito e ardendo de amor, e o convenciam de que ele era amado por aquela[166] e, censurando, chamavam-no de insensível e orgulhoso. "Pois a mulher, depois de ter abandonado um tão grande reino e um modo de vida feliz, arruinando-se contigo ao organizar uma expedição militar, como se tivesse a posição de uma concubina; mas existe um intratável pensamento no teu peito e negligencias essa mulher aflita". E ele, com prazer sendo reprovado, como se alegrava porque estava cometendo injustiças, como eles não o elogiavam em nada, não percebia que, por meio dessas admoestações, estava sendo pervertido. Pois essa espécie de franqueza parece com as mordidas das mulheres licenciosas, que levantam e fazem cócegas para o que é prazeroso, com que parece ser dolorido. E como o vinho puro, além do mais, ajuda contra o efeito da cicuta quando o misturam e o juntam com ela, que cura quando eles tornam a potência do veneno ineficaz, porque com acuidade é levado ao coração pelo calor, assim sabemos que a franqueza é um grande remédio para o que é a bajulação, os malvados bajulam por meio da sua franqueza. Por isso Bias respondeu de modo não muito belo, quando haviam lhe inquirido sobre qual ser vivo era o mais perigoso, e ele respondeu-lhe que, dentre todos os seres vivos, o tirano era o mais perigoso, e que, dentre os mais domesticados, estava o bajulador. Pois seria mais verdadeiro se tivesse dito que os domesticados dentre os bajuladores são os que estão em volta da sala de banho e da mesa, mas o que estende suas mãos para alcançar os

---

[166] Trata-se de Cleópatra, a rainha do Egito. Consultar nota 102.

quartos e os aposentos das mulheres, tal como os tentáculos de um polvo, para a sua intriga, sua calúnia, sua malícia, este é um animal selvagem e difícil de ser domesticado.

20. E parece que existe um único modo de proteção: conhecer e lembrar-se sempre que é próprio da nossa alma ter uma parte que é verdadeira, que tem afeição ao belo e raciocínio lógico, mas que a outra parte é irracional, afeita à mentira e acessível às impressões exteriores, e que, enquanto o amigo sempre está presente ao lado da parte que é mais nobre como conselheiro e defensor, como um médico aumentando e protegendo a saúde, o bajulador coloca-se ao lado da parte acessível às impressões exteriores e irracional, provoca-lhe coceira, faz-lhe cócegas e a persuade, e a afasta do raciocínio lógico, tramando para ela algumas prazerosas comodidades que são perversas. Então, tal como existem alguns alimentos que não são apropriados para o sangue nem para os pulmões, que não acrescentam nenhum vigor aos nervos nem à medula, mas que causam distúrbios aos órgãos sexuais, incham o ventre e tornam a carne malsã e purulenta, assim o discurso do bajulador não acrescenta nada ao homem que é prudente e que tem raciocínio lógico, mas cultiva um tipo de prazer pelo amor, ou excita um tipo de ânimo irracional, ou estimula a inveja, ou porque incute um tipo de pretensão do espírito, ele se sente também vazio, ou juntando a dor, ou algo que é malicioso, indigno de um homem livre e inconfiável, sempre com suas acusações e pressentimentos pungentes, tornando-o um apavorado por qualquer coisa e um desconfiado de tudo, o que não escapará aos que prestarem atenção nele. Pois sempre lança sua âncora em uma paixão e a faz crescer, também está presente, como um gânglio inflamado, a todo momento, sobrevindo nas partes onde existem purulências e inflamações da alma. "Estás colérico? – Castiga. Desejas algo? Compra. Tens medo? – Fujamos. Tens suspeitas? Confia." E se a respeito disso for muito difícil de detectar esses sentimentos, por causa da sua veemência e da sua grandeza, quando o seu raciocínio lógico é derrubado por elas, oferecerá mais uma oportunidade com relação às coisas pequenas, pois é sempre o mesmo. De fato, quando alguém tem a suspeita de sentir a cabeça pesada por causa da embriaguez ou uma saciedade de alimento, estando em dúvida se toma banho ou se alimenta, o amigo o deterá aconselhando-o que se preserve e que tome cuidado consigo, enquanto o bajulador o arrasta para a sala de banho e lhe pede para que lhe seja servido algo novo e que não maltrate o seu corpo com a privação de alimentos. E se vê que mostra covardia para uma jornada, ou navegação, ou alguma outra ação, dirá que a ocasião não pede urgência, mas que fará essas mesmas coisas mais adiante, ou que envie outro em seu lugar. E se tiver prometido direito para algum familiar e, depois de tê-lo emprestado ou dado, em um momento arrepender-se, mas depois se sentir envergonhado, o bajulador, após se colocar em prol da pior alternativa, estimula-o a gastar seu dinheiro[167], extirpando o que lhe causa desgosto, porque está gastando muito dinheiro e, tendo a obrigação de prestar ajuda eficaz a muitos, ele lhe pede que poupe seus recursos. Por isso, se não nos passar despercebidos o que nós mesmos desejamos quando nos com-

---

[167] Plutarco escreve: ἐπέρρωσε τὴν εἰς τὸ βαλλάντιον γνώμην (*epérrōse tḕn eis tò ballántion gnṓmēn*), que significa, literalmente: "reforça seu pensamento para a aljava".

portamos de maneira despudorada e quando estamos cheios de temor diante de algo, o bajulador não nos passará despercebido. Pois sempre se encontra defendendo esses sentimentos e usando a franqueza para apontar os seus caminhos de saída. Essas palavras então foram suficientes para esses assuntos.

21. Vamos, na sequência, para as serventias e ajudas; de fato, nessas circunstâncias, o bajulador produz muita confusão e falta de clareza para a sua distinção com relação a um amigo, parecendo que não é hesitante e que tem boa vontade, que não procura pretextos em todos os momentos. Pois o comportamento do amigo, tal como o discurso da verdade, é simples, sem expedientes nem artifícios, conforme Eurípides, mas o do bajulador, na realidade, "porque é doente em si, necessita dos sábios remédios"[168], de numerosos, por Zeus, e ainda magníficos. Portanto, tal como nos momentos dos encontros, é o amigo, quando não diz nada, nem ouve, mas o olha na face e sorri, e do seu interior oferece e recebe a benevolência e a intimidade pelos seus olhares, e parte, enquanto o bajulador corre, persegue obstinadamente, de muito longe estende a mão direita para saudá-lo, se ele tiver sido visto e saudado antes, pede desculpas com testemunhas e juramentos; assim, nas ações, muitas vezes os amigos deixam as pequenas coisas de lado, não as fazem com precisão nem se põem a fazer muitas delas, nem eles próprios se lançam para todo tipo de obra. Mas, nesses momentos, o bajulador é constante, perseverante e infatigável, não concede a nenhum outro

---

[168] Eurípides. *As Fenícias*, 472.

espaço nem lugar para a prestação de serviços, mas, porque quer ser solicitado; se não for solicitado, fica perturbado e, mais além, fica totalmente desencorajado e se lamentando.

62E · **22.** Portanto, essas evidências, para os que prestam atenção nelas, não são de uma verdadeira amizade nem prudência, mas de alguém que é uma cortesã e que abraça de forma mais prestativa do que era necessário. Mas, sem dúvida, deve-se primeiro examinar as diferenças nas promessas. Pois foi bem dito pelos nossos antepassados que a promessa de um amigo é aquela:

Se puder cumpri-la, certamente, e se for
possível de ser cumprida,[169]

Enquanto a do bajulador é esta:

Diz o que pretendes.[170]

De fato, os poetas cômicos colocam em cena tipos desta natureza:

Nicômaco[171], *coloca-me diante*
deste soldado, se não o tornarei todo
gentil pelas minhas chicotadas,

---

[169] Homero. *Ilíada*, XIV, 196 e *Odisseia*, V, 90.

[170] Homero. *Ilíada*, XIV, 195 e *Odisseia*, V, 89.

[171] Personagem desconhecida, de autor e peça também desconhecidos.

> *se não o tornarei de rosto mais macio*
> *que de uma esponja.*[172]

62F · Depois, nenhum dos amigos se torna um auxiliar, se não tiver se tornado primeiro um conselheiro, mas depois de o ter reconhecido como bom e ter ajudado a reorganizar o assunto para o que era conveniente ou adequado; enquanto o bajulador, se alguém lhe conceder algo para examinar e, ao mesmo tempo, expressar a sua opinião sobre um determinado assunto, ele não quer somente auxiliar e agradar, mas também, temeroso pela suspeita de ficar hesitante na situação presente e de que está fugindo da sua tarefa, entrega-se a ela e ajuda com vontade. Pois não é com facilidade que algum rico nem rei diga:

63A · > *Pois se eu tivesse um mendigo, se quiser,*
> *pior que um mendigo, é quem, sendo amigável*
> *para mim, indo à margem do seu medo,*
> *que me diga as coisas de coração,*[173]

mas, tal como os poetas trágicos necessitam de um coro de amigos que cantem juntos, ou de um teatro em que os expectadores aplaudam ao mesmo tempo. Por isso, a trágica personagem Mérope[174] aconselha:

---

[172] Kock, *Com. Att. Frag. III*, 432, *Com. ad.* nº 125.

[173] Eurípides, *Ino.* Nauck, *Trag. Graec. Frag.* Eurípides, nº 412.

[174] Filha de Cípselo, rei da Arcádia, que se casou com Crestofontes, um heraclida, que, na partilha do Peloponeso, obteve a cidade da Messênia. Em uma disputa pela região, Polifontes, outro heraclida, matou Crestofontes e seus dois

> *Conquista como amigos os que não*
> *te cedam nas palavras mas aos perversos*
> *que te conduzem ao agradável e ao prazer,*
> *que uma tranca feche a tua morada.*[175]

63B · E outros fazem o contrário, escapam "àqueles que não são brandos nas palavras"[176], mas que são resistentes ao que se apresenta e o afastam como se fosse uma desgraça, mas "os perversos que procuram seu favor"[177], os vis e os trapaceiros, não somente não lhes "fecham as trancas das moradas" para que nelas entrem, mas também entregam seus sentimentos e assuntos secretos. Dentre os quais, o mais simplório dos bajuladores pensa que não deve nem que é digno de dar conselhos sobre assuntos tão importantes, mas que lhe é próprio ser um auxiliar e servo, enquanto o mais habilidoso posiciona-se no momento de exposição das dúvidas, para erguer as sobrancelhas[178] e mover o rosto em sinal de aprovação[179], mas não diz nada; e se aquele disser o que

---

filhos e ainda se casou à força com Mérope. Ela havia conseguido salvar o seu filho mais novo, Épito, que, quando se tornou jovem e retornou da Etólia, local para onde sua mãe havia lhe enviado, juntou-se à Mérope e vingou a morte de seu pai e de seus irmãos, depois se tornou o rei da Messênia.

[175] Eurípides, *Erecteu*. Nauck, *Trag. Graec. Frag.* Eurípides, nº 362, 18-20.

[176] Não se conhece a origem dessa frase, provavelmente uma máxima da época.

[177] Citação de origem desconhecida, talvez seja parte de uma máxima, ou de um excerto famoso de alguma obra antiga.

[178] Em grego, τὰς ὀφρῦς συνάγειν (*tás ophrýs synágein*), literalmente: "Erguer as sobrancelhas", é uma expressão que denota alguém que presta atenção em algo, ou que demonstra admiração pelo que está sendo dito.

[179] Já συνδιανεύειν τῷ προσώπῳ (*syndianeúein tōi prosṓpōi*), literalmente: "girar o rosto de um lado para o outro", ou "inclinar o rosto ao mesmo tempo

lhe parece evidente, ele diz: "Ó Héracles, tu te antecipaste a mim por pouco para falar, pois eu tinha a intenção de dizer isso mesmo". Pois, como os matemáticos afirmam que as superfícies e as linhas não fazem curvas, nem se prolongam, nem se movem por si próprias, porque são apreendidas pelo intelecto e incorpóreas, mas ainda fazem curvas, prolongam-se e se movem juntas com os corpos que são delimitados por elas, assim apanharás em flagrante o bajulador, porque ele sempre tem a mesma opinião, está sempre de acordo, sempre se alegra com as mesmas coisas, por Zeus, sempre se torna encolerizado com as mesmas coisas, a ponto de estar nessas circunstâncias completamente fácil de se fazer a distinção. E ainda mais no seu modo de ser exageradamente solícito. Pois o favor de um amigo, tal como um ser vivo, no seu íntimo, tem as capacidades mais poderosas, e ainda não existe nele a capacidade de mostrar nem de elogiar nada, mas, frequentemente, tal como um médico, promove a sua cura sem que seja percebido, e um amigo é útil quando nos encontra ou quando nos deixa, sendo cuidadoso sem que seja notado. Dessa mesma natureza era Arcesilau a respeito de todos os assuntos; quando Apeles[180] de Quios[181] estava doente e percebeu o seu estado de pobreza, foi visitá-lo outra vez, portando 20 dracmas, e,

---

para os dois lados", é uma expressão para demonstrar a aprovação diante do que está sendo feito ou dito, por isso optamos por traduzir como "mover o rosto em sinal de aprovação".

[180] Personagem desconhecida. Não confundi-la com o famoso pintor Apeles de Cós.

[181] Ilha localizada no Mar Egeu, que integra o complexo de ilhas helênicas conhecido como Cíclades, por seu formato circular.

sentado próximo dele, disse: "Neste lugar não existe nada além do que os elementos de Empédocles apontados aqui:

Fogo, água, terra e o suave e sublime ar.[182]

Mas tu não estás corretamente deitado", e ao mesmo tempo em que arrumava o seu travesseiro, sem que fosse percebido, deixou cair o dinheiro embaixo dele. Então, quando a velha que o servia encontrou-o, admirada, anunciou-o a Apeles; com um sorriso, ele disse: "Essa é a estratagema de Arcesilau". E, sem dúvida, "Os filhos nascem parecidos com os pais"[183] em filosofia. Então, Lácides[184], um discípulo de Arcesilau, quando Cefisócrates[185] foi processado, colocou-se com os demais amigos em sua defesa. E quando o acusador pediu-lhe seu anel, ele o deixou cair ao lado, às ocultas; quando Lácides percebeu isso, ele pisou-o com seu pé e o escondeu; pois a prova estava naquilo. Depois da sentença, Cefisócrates estendeu sua mão direita para saudar os juízes, um único que, como parece, viu o que aconteceu, pediu-lhe que tivesse gratidão a Lácides e relatou-lhe o ocorrido,

---

[182] Diels, *Fragmente Der Vorsokratiker*, I, 230, I, 18.

[183] Hesíodo, *Os trabalhos e os Dias*, 235. Há uma pequena variação no registro plutarquiano do verso, visto que grafa: ἐοικότα γε τέκνα φύεται γονεῦσιν (*eiokóta ge tékna phýetai goneüsin*), "Os filhos nascem parecidos com os pais", enquanto Hesíodo grafa: ἐοικότα τέκνα γονεῦσιν (*eiokóta tékna goneüsin*), que, em outro contexto, é traduzido como "Crianças que se assemelham aos pais". Consultar: *Os trabalhos e os dias*. Tradução, introdução e comentários de Mary Macedo de Camargo Neves Lafer. In: *Hesíodo*. São Paulo: Iluminuras, 1991.

[184] Filósofo da cidade helena de Cirene, século III, que sucedeu Arcesilau na condução da Nova Academia.

[185] Personagem desconhecida.

embora Lácides não tenha lhe dito coisa alguma. Assim, penso que também os deuses são os benfeitores de muitas coisas que nos passam despercebidas, porque com isso mesmo eles têm por natureza o prazer e a alegria de fazer o bem. Enquanto o trabalho do bajulador não é em nada justo, nem verdadeiro, nem franco, nem generoso, mas são suores, gritaria, corre-corre, rosto fechado, que fazem uma imagem e uma aparência de um trabalho penoso pela necessidade e porque é urgente, tal como uma pintura trabalhada com cuidado excessivo, com imoderadas cores, rupturas de pregas, rugas, ângulos esplêndidos, conduzindo-o para sua extraordinária ilusão. E há ainda quando ele discorre sobre o que sofreu, como atuou em algumas situações erráticas por ele próprio, também suas preocupações, depois sobre as inimizades com os outros, depois relatando com detalhes os incontáveis ocorridos e os seus grandes sofrimentos, até o ponto de dizer que "isso tudo não valia a pena!". Pois todo o favor que é censurável é ofensivo, ingrato e não é suportável, mas porque essas coisas dos bajulares não são realizadas mais tarde, existe imediatamente após elas o que é repreensível e vergonhoso. Enquanto o amigo, quando deve dizer o que aconteceu, discorre com moderação e não diz nada a respeito de si mesmo. De fato, por isso, os lacedemônios enviaram alimento aos esmirnos, que estavam em necessidade; como os esmirnos ficaram admirados com o seu favor, eles responderam: "Não foi nada de mais; pois notamos que durante um único dia separaríamos o nosso almoço e o dos nossos rebanhos, e os reuniríamos". Pois esse tipo de favor não somente é generoso, mas também prazeroso aos que o receberam, porque consideram que não foi um grande prejuízo para os que lhes foram úteis.

23. Então, não é mais por ser oneroso receber as assistências do bajulador, nem pela sua presteza para oferecer seus serviços, que alguém poderia reconhecer a sua natureza, mas é, sobretudo, no que existe de belo ou no que existe de vergonhoso dentro de seu serviço, se pertence ao prazer ou à serventia. Pois o amigo não, tal como demonstrou Górgias[186], para quem considera que o amigo é quem oferece seus serviços para as coisas justas; para ele, o próprio se coloca à disposição para muitas coisas, também as que não são justas:

Pois ser sensato e moderado,
não ser acometido do mesmo mal.[187]

Portanto, também o amigo vai se afastar das coisas que não são convenientes; mas se não for convencido, belo é o que disse Fócion[188] para Antípatro[189]: "Não poderias servir-te de mim

---

[186] Natural de Leontino, cidade localizada na Sicília, 485-380 a.C., Górgias destacou-se por excepcional capacidade oratória, daí ter sido reconhecido professor de retórica. O orador pertence à primeira geração de sofistas. Há um diálogo homônimo de Platão em que o filósofo apresenta particularidades de sua arte retórica.

[187] Eurípides. *Ifigênia em Áulis*, 407.

[188] Político ateniense, 402-319 a.C., frequentou a Academia de Platão, foi um orador exemplar e eleito estratego por quarenta e cinco vezes, de 371 a 318 a.C. Plutarco redigiu uma biografia do político ateniense em sua obra conhecida como *Vidas Paralelas*.

[189] General macedônio que se tornou vice-rei de Alexandre, o Grande, da Macedônia, em 335 e em 334 a.C., morto em 319 a.C. Exerceu dura política contra os atenienses, visto que estes se mostravam inconformados com a dominação macedônica. Foi amigo do orador Isócrates e do filósofo Aristóteles e também acusado de conspirar para a morte de Alexandre, o Grande.

como amigo e bajulador"¹⁹⁰, isso é para dizer que tem um amigo que não é um amigo. Pois se deve trabalhar com o amigo, não agir maldosamente com ele, também concordar com o seu desejo, não conspirar com ele, também testemunhar a favor dele, não cometer erros com ele, também ser infeliz com ele, por Zeus, 64D não cometer uma injustiça com ele. Pois não é nada desejável conhecer os assuntos vergonhosos que os amigos têm, de que modo é possível agir em concordância com ele e associar-se a uma infâmia? Portanto, tal como os lacedemônios foram vencidos em batalha por Antípatro, depois de o conflito ter sido encerrado, consideraram que seria digno que eles recebessem danosas punições, as que eles quisessem, mas que não determinassem nenhuma fosse vergonhosa para eles; assim, o amigo, quando se ocupa de serviço que tem uma certa fadiga, ou um certo perigo, ou é um tanto dispendioso; por considerar justo, é o primeiro a convocar a si mesmo e a participar com solicitude e boa vontade, mas, quando existe algo vergonhoso, sozinho deixa de lado e se poupa, declinando de sua participação.

64E Mas, certamente, a bajulação, ao contrário, desiste nos momentos em que os trabalhos são difíceis e as atividades perigosas, e se, porque tens de experimentá-la, coloca-a à prova, por causa de um pretexto, ecoas um som desarmonioso e vulgar; mas, nas atividades vergonhosas, abjetas e de más reputações, degusta-as para tirar proveito delas, não pensará que nada é terrível nem insolente. Vês o macaco? Não é capaz de proteger

---

¹⁹⁰ Plutarco repete a mesma frase nos seus tratados *Preceitos conjugais*, 142B e *Ditos de reis e generais*, 188F.

sua casa como o cão, nem de carregar algo como o cavalo, nem de arar a terra como os bois; portanto, suporta a insolência e a brincadeira de mau gosto, também atura os gracejos, dando a si mesmo a oportunidade de ser um instrumento do riso. Assim, de fato, também o bajulador, porque não é capaz de sustentar a opinião de alguém, nem de dar uma contribuição a alguém, nem de combater ao mesmo lado de alguém, livrando-se do trabalho e de todo assunto sério, nos assuntos às ocultas é solícito, e auxiliar confiável no que diz respeito a um assunto amoroso, preciso quanto à contratação de uma prostituta, não é negligente no cálculo da quantidade de bebida suficiente para ser servida, não é indolente nas preparações dos banquetes, mas é inclinado a cercar de cuidados as concubinas e, quando lhe é ordenado que seja muito ousado com os sogros e que expulse uma mulher casada, é inflexível e implacável. De modo que não é nada difícil de detectar o homem por esse comportamento; pois o que quiser lhe ordenar dentre os assuntos de má reputação e que não sejam belos, ele está de boa vontade para não levar em conta a si mesmo, para agradar a quem lhe deu a ordem.

24. E não menos alguém poderia percebê-lo em sua maneira de ser em comparação com os seus outros amigos, porque ele é muito diferente de um amigo. Pois é mais agradável para um amigo amar e ser amado em companhia de muitos, e sempre persevera fazendo isso para o amigo, a fim de que ele tenha muitos amigos e que seja muito honrado; pois considera que existem coisas comuns entre os amigos, pensa que nada deve ser tão comum como partilhar os amigos; mas aquele que é mentiroso, falso e mercenário, como, de fato, tem muita percepção de si mesmo quando comete uma injustiça, a sua amizade, tal como uma moeda falsa, torna-se falsificada por ele, também é invejoso por natureza, mas utiliza a sua inveja contra os seus semelhantes, lutando com ardor para ultrapassá-los com brincadeira de mau gosto e mexerico, mas treme e teme aquele que é mais forte, não, por Zeus,

> *Porque vai a pé contra um carro lídio,*[191]

Mas

> *Para o ouro refinado, como afirma*
> *Simônides, e puro não tem chumbo.*[192]

65C · Portanto, sendo leviano, dissimulado e enganador, quando é comparado de perto com uma amizade verdadeira, séria e sólida, porque não suporta a comparação, mas, depois de ter sido refutado, faz o mesmo que aquele pintor que retrata seus galos de forma lastimável. Pois este ordena ao seu escravo que afugente os verdadeiros galos para bem longe de sua prancha de pintura, e aquele afugenta os verdadeiros amigos e não permite que se aproximem; mas, se isso não for possível, ele os

---

[191] Píndaro. *Fragmentos*, Snell-Machler, 206. Plutarco repete o mesmo verso na sua biografia do político ateniense Nícias, I, 1, mas ele o atribui a Píndaro: παρὰ Λύδιον ἅρμα πεζὸς οἰχνεύων, ὥς φησι Πίνδαρος (*parà Lýdion hárma pezòs oikhneúōn, ṓs phēsi Píndaros*), isto é: "Vai a pé contra um carro lídio, como afirma Píndaro".

[192] Simônides. *Poet. Lyr. Graec.* III, 417, frag. 64.

agrada[193] em público, também os envolve de cuidados e fica admirado por serem os melhores, mas, em surdina, insinua e espalha calúnias. E quando seu discurso secreto mexe na ferida, se não opera inteiramente logo, preserva o dito de Médio[194] que tem em sua memória. E Médio fazia parte do coro de bajuladores de Alexandre e era o chefe de tal coro, e o sofista-mor 65D · dos melhores que estavam posicionados na mesma classe. Então, ele costumava ordenar aos seus servidores que atacassem e impedissem as calúnias, ensinando que, se fosse curada a ferida de quem foi atingido, a cicatriz da calúnia permaneceria. Todavia, por essas cicatrizes, ou melhor, por gangrenas e tumores que o consumiam, Alexandre mandou executar Calístenes[195], Parmênion[196] e Filotas[197]; e ainda se entregou sem reserva

---

[193] O verbo utilizado por Plutarco é ὑποσαίνω (*hyposaínō*), que significa literalmente: "agitar um pouco a cauda para agradar", empregado para se referir a um cachorro. Há outra acepção, como "acariciar", mas entendemos que o contexto narrativo requer o uso do primeiro significado, de onde optamos por "agradar", tendo suprimido "agitar um pouco a cauda para".

[194] Personagem citada somente por Plutarco.

[195] Calístenes de Olinto, morto em 327 a.C., era sobrinho de Aristóteles, participou da expedição militar de Alexandre, o Grande, contra os persas, sendo o seu historiador oficial. No entanto, Calístenes discordou de Alexandre quanto à adoção de hábitos considerados bárbaros e por isso foi executado, mesmo tendo sido muito elogioso em seus relatos sobre as batalhas e o caráter de Alexandre.

[196] General macedônio, morto em 330 a.C., foi vice-comandante de Alexandre. No entanto, pelos muitos conselhos que dava a Alexandre, dos quais o rei discordava com veemência, Parmênion foi acusado de conspiração, e por isso foi executado.

[197] General macedônio, filho de Parmênion, também morto em 330 a.C. por ter sido acusado de traição. Há a suspeita de que pai e filho não conspiraram contra Alexandre, o Grande, e de que, ao contrário, eles lhe eram leais. Plutarco nos

aos Agnões, Bagoas, Agesias e Demétrios[198] que o enganaram, porque dobraram seus joelhos diante dele e o veneraram, vestiram-se como ele e eles mesmos o moldaram como uma estátua de um deus bárbaro. Assim, grande é a potência do que é agradável, e, como se pensa, porque ele pensa que é mais importante entre os mais proeminentes; pois pensa que as mais belas estão com ele, e por desejar tê-las, concede a confiança e a coragem ao bajulador. Pois as partes mais altas dos lugares são difíceis de se aproximar e difíceis de ser atingidas para aqueles que as querem alcançar, mas na alma na qual não existe razão, por causa da boa sorte ou por ser bem-nascido, a altivez e o orgulho são sobretudo um acesso para os que são pequenos e insignificantes.

25. Por isso, começamos o nosso discurso recomendando, também agora recomendamos, que arrancássemos de nós mesmos o amor-próprio e a arrogância; pois esta nos bajula antes e nos torna mais enfraquecidos para os bajuladores externos, porque ficamos dispostos para recebê-la. Mas se formos obedientes a Deus[199] e ao Seu dito "Conhece-te a ti mesmo"[200], para cada

---

conta que o rei temia o poder e a influência que ambos tinham sobre o seu exército e os cidadãos da Macedônia. Consultar: *Vida de Alexandre*, XLVIII-XLIX.

[198] Plutarco cita os nomes no plural, por querer se referir às famílias de Ágno, Bagoas, Agésias e Demétrio, generais macedônios oriundos de famílias influentes.

[199] Plutarco refere-se ao deus Apolo. Filho de Zeus e Leto, irmão gêmeo da deusa Ártemis, é considerado o deus da adivinhação e da música, conhecido também por sua excepcional beleza física.

[200] Consultar a nota 7.

um de nós, de tudo, isso é o mais digno de que aprendamos, e se, ao mesmo tempo, refletirmos em nós mesmos sobre a nossa natureza, nossa criação e nossa educação, que estão deficientes do que é belo e que muito do que é vil e em vão está misturado com o que elas têm nas nossas ações, nas nossas palavras e nos nossos sentimentos, não muito facilmente permitiremos que nós mesmos caiamos nas mãos dos bajuladores. Pois Alexandre disse que não confiava naqueles que o veneravam como se ele fosse um deus, nesse assunto, por dormir profundamente e ter muitas relações sexuais, porque ele próprio se tornava o mais desprezível e o mais passional quanto a esses assuntos.

66A · Mas, nós, observando por toda parte muitas coisas vergonhosas que nos são particulares, também dores, imperfeições e erros, sempre diremos que necessitamos de um amigo, não porque nos elogia e fala bem de nós, mas para que nos refute, que tenha franqueza e, por Zeus, que nos censure quando agimos mal. Pois poucos dentre muitos são os que ousam mais ter franqueza com os amigos que a capacidade de agradá-los; mas, entre esses poucos, por sua vez, não poderias facilmente descobrir quem são os confiáveis para fazer isso, mas os que pensam que se servem da tua franqueza, quando insultam e censuram.

66B · Entretanto, como qualquer outro remédio, também o que usa a sua franqueza, que, não sendo no momento oportuno, traz inutilmente a dor e a perturbação, e o faz de algum modo com sofrimento, que faz esse tipo de bajulação com o que é prazeroso. Pois são prejudicados não somente os que foram elogiados, mas também os que foram censurados; e é principalmente por isso que se entregam como presas fáceis e de flancos abertos aos bajuladores; como a água, eles vêm escorregando dos lugares intensamente íngremes e adversos para as suaves cavidades. Por isso, a franqueza deve ser temperada com o caráter e ter um discurso que se afasta do excesso e da intensidade dela, como a luz, a fim de que não sejam perturbados nem feridos por aqueles que criticam todas as coisas e reprovam a todos, refugiam-se na sombra do bajulador e desviam-se para que não haja sofrimento.

66C · Pois todo mal deve ser evitado pela virtude, Filopapo, não pela maldade contrária, como alguns pensam que fugir do pudor pelo impudor, da rusticidade pela brincadeira de mau gosto, e colocam o seu comportamento o mais longe da covardia e da lassidão, quando se mostram próximos da arrogância e do atrevimento. E alguns também fazem sua defesa 66D · indo da superstição para a impiedade, da tolice para a fraude, como uma madeira, distorcem o caráter de uma finalidade para o lado contrário, pela inexperiência de endireitá-lo. Mas a mais vergonhosa forma de bajulação é a negação inútil do que causa a dor, e certamente de alguém sem refinamento nem arte indo para a bondade, quando se segue a companhia de um caráter repugnante e áspero, para fugir do que é vulgar e desprezível na amizade, como o liberto na comédia pensando que a acusação é a fruição da igualdade de direito de expressão. Então, visto que é vergonhoso cair na bajulação, perseguindo o que é agradável, mas também é vergonhoso, quando se foge da bajulação pela franqueza sem medida, destruir a amizade e a solicitude, mas não se deve sofrer de nenhum desses dois modos, mas, como qualquer outro tipo 66E · também de franqueza, para alcançar o que é belo pela medida, esse mesmo discurso pede continuidade, parece impor a conclusão para o nosso tratado.

26. Então, como vemos alguns defeitos fortes que acompanham a franqueza, em primeiro lugar, devemos arrancar o amor-próprio dela, bem mais nos preservarmos para que não cometamos injustiças por causa de algo das nossas peculiaridades quando sentimos dor e julgamos bem para fazer reprovações. Pois pensam que um discurso originado não pela benevolência, mas pela cólera, sendo proferido pelo próprio interesse, não é nenhuma advertência, mas uma censura. Pois a franqueza é algo relacionado à amizade e à nobreza, mas a censura também está relacionada ao amor-próprio e à mesquinhez. Por isso, aqueles que têm franqueza são respeitados e admirados, enquanto aqueles que censuram são recriminados e desprezados. Tal como Agamêmnon[201] não suportou quando Aquiles pensando que usava sua franqueza com medida, mas, quando Odisseu o atacou acidamente dizendo:

Funesto! Ah! Se tivesses dado ordens a
outro exército vergonhoso![202]

Ele cedeu e foi paciente, ficou cheio de solicitude e envolvido pela fala e pela sensatez dele. Pois ele não tinha inclinação

---

[201] Rei de Argos, chefe de todos os homens, liderou os gregos na Guerra de Troia. Plutarco faz referência aos primeiros versos da *Ilíada*, de Homero.

[202] Homero. *Ilíada*, XIV, 84.

natural para a cólera, utilizou a sua franqueza com ele em favor da Hélade[203], mas Aquiles parecia ter sido violento com ele mais pelo seu próprio interesse. Certamente, o próprio Aquiles, embora não fosse "de caráter doce nem amável"[204], mas

> *Um homem terrível,*
> *tal que acusava até um inocente,*[205]

permitiu em silêncio que Pátroclo o acusasse de muitas coisas, de tais natureza:

> *Impiedoso, teu pai não era o cavaleiro*
> *Peleu*[206] *nem Tétis*[207]*, tua mãe; mas o doce*
> *mar deu-lhe à luz e as rochas escarpadas,*
> *porque tens o espírito hostil.*[208]

---

[203] Os gregos antigos reconheciam-se como helenos, e sua região era chamada de Hélade, pois eram descendentes de Heleno, filho de Deucalião e Pirra. Grego e Grécia são nomes dados pelos conquistadores romanos.

[204] Homero. *Ilíada*, XX, 467.

[205] Uma combinação de dois versos da *Ilíada*, de Homero, composta pelo Canto XI, 654, e pelo Canto XIII, 675.

[206] Peleu, rei da Ftia, é pai de Aquiles, que o gerou com a deusa Tétis, daí o epíteto "Pelida" dado a Aquiles por Homero. Peleu participou da caçada do javali de Cálidon, da expedição dos Argonautas, da expedição de Héracles contra Troia e da luta contra as amazonas, sempre desempenhando um papel secundário.

[207] Filha de Nereu, o Velho do Mar, e de Dóris, é uma das cinquenta Nereides, a mais célebre delas, portanto, uma divindade marinha.

[208] Homero. *Ilíada*, XVI, 33-35.

67B ·   Pois, tal como Hiperides[209], o orador, julgou digno que os atenienses examinassem não somente se ele era cruel, mas se ele era cruel gratuitamente; assim, a advertência do amigo mantém-se pura de todo sentimento particular e é respeitável e nobre, também incontestável. Mas ainda que, de fato, seja visível que alguém, em sua manifestação de franqueza, deixa completamente de lado os erros do amigo para com ele próprio, também os perdoa, mostra-se impiedoso e censura algumas outras faltas dele contra outros, não o poupando de nada, e o vigor dessa franqueza é imbatível e, pela doçura daquele que faz a advertência, torna mais intensa a crueldade e a severidade da advertência.

67C · Por isso, já está bem dito o que deve, sobretudo nos momentos de cólera e de discordâncias contra os amigos, ser feito e observado dentre os acontecimentos favoráveis ou convenientes para eles, mas a sua amizade não é inferior; ainda que nós mesmos pensemos que estamos sendo desdenhados e negligenciados, devemos usar a franqueza para os outros que estão sendo descurados e trazer de volta suas lembranças. Como Platão, nas ocasiões em que tinha Dionísio sob suspeita e com divergências, solicitou-lhe um momento oportuno para suas conversas; depois, ele o concedeu, pensando que Platão teria algo sobre ele para censurar e recriminar, mas Platão disse-lhe mais ou menos assim: "Se ou-

67D · visse algo, Dionísio, sobre um inimigo que está navegando para a Sicília, querendo fazer-te algum mal, mas que não tivesse o

---

[209] Orador ático, 390-322 a.C., discípulo de Isócrates e de Platão, conhecido por ser opositor voraz da dominação macedônica, tendo sido o responsável pela Guerra de Lâmia, 323-322 a.C., depois da derrota dos helenos para os macedônios. Hiperides foi condenado e executado, conforme determinado pelo general macedônio Antípatro.

momento propício para isso, permitirias que ele zarpasse, observasse a região, e impunemente a deixasse?". "Longe disso", Dionísio respondeu-lhe, "Platão, pois não somente as obras dos inimigos, mas também o propósito, devem ser odiados e punidos". "Se, então", replicou Platão, "alguém por benevolência viesse aqui até ti e quisesse fazer algo de bom e a causa fosse tu, mas tu não lhe oferecesse o momento propício para isso, seria justo que recusasses isso de modo ingrato e desdenhoso?". Depois de Dionísio ter-lhe perguntado quem era esse homem, "Ésquines"[210], ele respondeu, "Um homem que tem caráter, como qualquer um dos discípulos de Sócrates[211], é gentil e com um discurso capaz de

67E · corrigir aqueles que conviverem com ele; mas ele navegou pelo extenso mar para travar relações contigo através da filosofia e foi desprezado". Assim, essas palavras derrotaram Dionísio, a ponto de imediatamente abraçar Platão e saudá-lo com seus braços, admirado com sua benevolência e sua grandeza de sentimentos, dedicou sua atenção a Ésquines com elegância e grandiosidade.

27. Em segundo lugar, então, como os que purificam toda a nossa violência, riso, sarcasmo, brincadeira de mau gosto, temperos perversos, devemos afastar esses temperos perversos da

67F · nossa franqueza. Pois, assim como o médico, quando faz incisões

---

[210] Natural de Esfeto, um demo ateniense, 425-350 a.C., ainda jovem tornou-se discípulo de Sócrates. Depois da morte de Sócrates, em 399 a.C., começou a escrever tratados, dos quais temos apenas os títulos e algumas informações tardias anotadas no *Suda*, a saber: *Alcibíades, Aspásia, Axíoco, Cálias, Milcíades, Rhinon* e *Telauges*.

[211] Filósofo ateniense, 469-399 a.C., que influenciou vários pensadores, sendo Platão o mais célebre deles.

no corpo, devemos abordar esses assuntos com justa medida e economia nos movimentos, e ainda afastar de nossas mãos os movimentos dançantes e arriscados, também os que envolvem fraqueza das mãos e sua intromissão em assuntos alheios[212]; assim, a franqueza aceita o que for conveniente e civilizado, se a graça preservar a sua nobreza; mas a audácia, a conduta repugnante e a insolência, quando entram, destroem-na e arruínam-na por completo. Por isso, o tocador de lira, não de modo inverossímil e sem inspiração, calou a boca de Filipe[213], quando empreendeu tocar trechos musicais em sua lira para disputar com ele, e ele disse: "Que não suceda a ti, ó rei, algo tão terrível, para que saibas que és melhor do que eu". Mas Epicarmo[214] não foi correto, quando Híeron[215] assassinou alguns de seus amigos íntimos e, depois de poucos dias, convidou-o para um banquete, "mas há pouco", ele respondeu, "não me convidaste quando sacrificaste teus amigos". E ainda de modo terrível foi Anti-

---

[212] A comparação feita com a intromissão nos assuntos alheios está relacionada com a incisão em órgãos alheios à doença, se o médico tiver fraqueza nas mãos, isto é, se suas mãos não forem firmes, ou se fizer movimentos bruscos.

[213] Não sabemos ao certo de qual Filipe se trata, pois houve cinco Filipes que reinaram na Macedônia.

[214] Poeta cômico, séculos VI-V a.C., escritor dramático siciliano que atuou à época de Híeron I. Os fragmentos remanescentes de sua obra mostram o caráter burlesco com que ele trata os mitos e sua preferência pelos fatos da vida cotidiana.

[215] Tirano de Siracusa, entre 478-466 a.C., conhecido por seu incentivo às artes. Poetas como Píndaro e Baquílides escreveram odes celebrando suas vitórias nos Jogos Olímpicos e Píticos. Além de Epicarmo, Híeron recebeu em seu palácio os poetas Simônides e Ésquilo. Xenofonte escreveu um diálogo em que retrata alguns desses encontros, cujo título recebe o nome do tirano: *Híeron*.

fonte²¹⁶, quando houve a investigação junto a Dionísio²¹⁷ pelo discurso: "Qual é o melhor bronze", e "aquele", ele disse, "com o qual foram construídas as estátuas de Harmódio²¹⁸ e de Aristogíton²¹⁹ em Atenas". Pois o aborrecimento e a mordacidade dessas palavras não são proveitosas, a brincadeira de mau gosto e o escárnio não alegram, mas, com malícia e insolência misturada, existe uma tal imagem da intemperança acompanhada de hostilidade, da qual eles se servem, embora eles sejam destruídos por ela, a de "dançarem sem arte a dança à beira do poço"²²⁰. De fato, Antifonte foi morto por Dionísio, e Timágenes²²¹ perdeu

68B ·

---

²¹⁶ Século IV a.C., carregava a alcunha de "O Sofista", defensor do regime democrático, escreveu o tratado *Sobre a liberdade*, do qual nos restou apenas alguns fragmentos.

²¹⁷ Tirano de Siracusa, consultar nota 51.

²¹⁸ Tiranicida ateniense, morto em 514 a.C., belo jovem ateniense pelo qual o tirano Hiparco se apaixonou, mas foi rejeitado. Harmódio preferiu Aristogíton, mas Hiparco vingou-se dele humilhando sua irmã em público, fato que fez com quem os amantes conspirassem para a morte de Hiparco e de seu irmão Hípias, obtendo sucesso apenas com o primeiro. Depois disso, foram condenados à morte e, à época democrática, foram reconhecidos e glorificados como tiranicidas.

²¹⁹ Amante de Harmódio, mais velho que o adolescente, calcula-se que ele tinha por volta de 30 anos. O episódio ocorrido com os amantes é narrado por Tucídides em *História da Guerra do Peloponeso*, Livro VI, capítulo 54.

²²⁰ Provérbio ateniense.

²²¹ Historiador nascido em Alexandria, século I a.C., Augusto expulsou-o de seu palácio por insolência. Em resposta, Timágenes queimou sua obra dedicada à história do imperador. Segundo o filósofo romano Sêneca, Timágenes aliou-se a Asínio Polião, e Augusto teria lhe dito: "Tu alimentas animais selvagens" (θηριοτροφεῖς, *thēriotropheîs*). *De Ira*, III, 23. Convém ressaltar que Sêneca escreveu em latim, mas Augusto profere a expressão em língua grega, por isso a grafia em caracteres gregos.

a amizade de César[222], que nunca utilizou uma linguagem livre nos banquetes e nos colóquios, para cada uma dessas duas ocasiões, sem qualquer seriedade,

Mas o que ele visse de engraçado entre os argivos[223]

68C · em razão da amizade, como um pretexto, alegando seus insultos. Visto que entre os poetas cômicos compuseram muitos assuntos austeros e políticos para o teatro; mas misturando com eles o que é ridículo e de mau gosto, como um sumo de ervas trituradas de má qualidade com os alimentos, tornam a sua franqueza inútil e sem eficácia, a ponto de restar aos que falam sobre a reputação de maliciosos e descarados, e não existe nada de útil dentre as coisas que foram ditas para os que as ouviram. Além disso, então, deve-se levar a brincadeira e o riso para os amigos; mas tenha a franqueza, a sua seriedade e o seu caráter. E, quando for assuntos mais importantes, pela emoção, pela estrutura e pelo vigor da fala, que o discurso seja digno de confiança e motivador. E o momento oportuno prejudica as grandes coisas em tudo que se deixa passar, sobretudo destrói a utilidade da franqueza. Portanto, porque, no vinho e na embriaguez, é isso

68D · que deve ser preservado, é evidente. Pois uma nuvem encobre o céu sereno, aquele que move um discurso na brincadeira e na gentileza levanta a sobrancelha e fecha o rosto, como se opor ao

---

[222] Trata-se de Caio Júlio César Otaviano, o primeiro imperador romano, que governou de 27 a.C a 14 d.C.; quando foi sagrado imperador, passou a usar o nome de César Augusto, em homenagem a Júlio César.

[223] Homero. *Ilíada*, II, 215.

deus Liaios[224], que "solta a corda das preocupações penosas"[225], conforme Píndaro[226]. Mas a ocasião inoportuna contém um grande perigo. Pois as almas são sujeitas a cair na cólera por causa do vinho e, muitas vezes, a embriaguez torna a recebida franqueza em hostilidade. Em geral, não é nobre nem corajoso, mas covarde, no momento em que está sóbrio, abstém-se da franqueza, mas junto à mesa se serve da sua franqueza, como os cães covardes. Portanto, nada deve ser prolongado quando se fala sobre esses assuntos.

68E · **28.** Visto que muitos não consideram nem ousam advertir seus amigos quando estão conduzindo bem os seus assuntos, mas, em geral, pensam que a sua prosperidade é inacessível e insuperável à advertência, e ainda atacam os que estão derrubados e abatidos, e esmagam com suas mãos também os que se tornaram miseráveis, como uma corrente represada contra a sua natureza, soltam violentamente sobre eles a sua franqueza e retiram alegres pela mudança, por causar anterior desprezo, a fraqueza daqueles mesmos, não é pior discutir sobre esses assuntos e responder ao que foi dito por Eurípides:

---

[224] Epíteto do deus Dioniso, em grego: Λυαῖος (*Lyaîos*), que significa "Libertador".

[225] Berck. *Poet. Lyr. Gr. I*, nº 480; Snell fr. 248.

[226] Poeta tebano, 518-446 a.C., compositor que elevou a tradição dos cantos corais dóricos. Os dezessete livros de sua obra estão divididos em hinos, peãs, ditirambos, canções para procissões, canções para donzelas, canções para dançar, encômios, cantos fúnebres e canções de vitória, ou epinícios. Os quatro livros de canções de vitória foram preservados e alguns fragmentos, mais destacadamente os dos seus peãs.

> *E quando a divindade dota bem alguém,*
> *por que necessita de amigos?*[227]

68F· Porque os que são prósperos necessitam mais de amigos com franqueza e que reduzam o excesso do seu orgulho. Pois são poucos os que ficam ao lado da sensatez quando estão acompanhados da prosperidade; a maioria necessita de sensatez de alheios, curva-se diante de raciocínios vindos de fora, que eles mesmos se inquietavam e eram abalados pela sorte. Mas, quando a divindade os derruba e os despoja da sua soberba, existe nesses mesmos acontecimentos a advertência que lhes produz o arrependimento. Por isso, não existe nenhuma função para a franqueza do amigo, nem de ter palavras duras e mordazes, mas como verdadeiramente em tais momentos de mudanças

69A· > *É doce olhar de frente nos olhos*
> *de um mortal benevolente,*[228]

aquele que conforta e encoraja, como o rosto de Clearco[229] nas batalhas e diante dos acontecimentos terríveis, conforme diz Xenofonte, era visto benevolente e amigável, tornava mais

---

[227] Eurípides, *Orestes*, 667.

[228] Eurípides, *Íon*, 732.

[229] Soldado espartano, filho de Rânfias. Lutou ao lado de Ciro, o Moço, na Trácia, foi o comandante do seu exército de mercenários na batalha contra Artaxerxes, mas foi derrotado, capturado por Tissafernes e executado em 401 a.C.

corajosos os que estavam nas situações de perigo²³⁰. Mas o discurso usando sua franqueza e sua mordacidade para um homem em situação infeliz, como o que torna a vista penetrante a quem tem os olhos perturbados e entumecidos, não cura nem atenua a dor, mas acrescenta irritação à sua dor e exacerba o que está afetado. Assim, por exemplo, alguém que está saudável não é intratável nem rude com um amigo que lhe censura pelas suas relações sexuais e bebedeiras, enquanto o censura pela sua indolência e pelo seu sedentarismo, por frequentemente ir aos banhos e aos festins em ocasiões impróprias; mas, para quem está doente, isso não é suportável, mas aumenta sua doença ao ouvir que isso lhe aconteceu por causa da intemperança, da moleza, da gula e das mulheres. Que inconveniência, homem! Escrevo o meu testamento e preparo-me para ser untado com óleo castóreo²³¹ ou de escamônio²³² pelos médicos, mas tu me advertes e me ensinas filosofia. Assim, então, também os acontecimentos dos que estão em situação infeliz não aceitam a franqueza e a expressão por meio de sentenças, mas necessitam da gentileza e do auxílio. De fato, as amas²³³, quando as crianças caem, elas não correm para junto delas censurando-as, mas as fazem levantar-se, limpam-nas e arrumam suas roupas; depois, desse modo, repreendem-nas e castigam. E diz-se ainda que, quando

---

[230] Xenofonte, *Anábase*, II, 6.

[231] Consultar nota 82.

[232] Como o óleo castóreo, o escamônio tem propriedades depurativas.

[233] Para conhecer a visão de Plutarco sobre o papel das amas no cuidado com as crianças, consultar os tratados desta Coleção Plutarco intitulados *Do amor aos filhos*, 459A-B e *Da educação das crianças*, 3C.

Demétrio[234] de Faleros[235] foi banido de sua pátria e levava uma vida inglória e miserável nos arredores de Tebas[236], não com prazer viu Crates[237] aproximando-se e ficou na expectativa do uso da franqueza cínica e dos seus discursos ásperos; mas, quando Crates o encontrou com gentileza e conversou com ele sobre o exílio, que isso não era nada ruim nem era justo suportar com pesar, porque ele havia sido libertado dos assuntos incertos e inseguros, e que, ao mesmo tempo, exortava-o para que enfrentasse o momento com confiança em si mesmo e com disposição. Ele ficou alegre, retomou suas forças e disse para os amigos: "Ah! Dentre os assuntos e as ocupações, por causa deles não conhecemos um homem de tal natureza".

Pois, para quem sofre, uma palavra
dos amigos é benéfica, mas, para o muito
enlouquecido, são as admoestações.[238]

---

[234] Filósofo e político, séculos IV-III a.C., discípulo de Teofrasto, escreveu discursos políticos, obras filosóficas, filológicas, históricas, retóricas e uma autobiografia. Começou sua vida política em Atenas, foi embaixador e chefe do governo oligárquico de Atenas. No entanto, destacou-se em Alexandria como conselheiro de Ptolomeu I.

[235] Um dos demos atenienses.

[236] Cidade grega localizada na península do Peloponeso. Vários mitos advinham dessa cidade, mas o mais famoso está na peça de Sófoles, *Édipo Rei*, de 427 a.C., que relata os infortúnios de um filho que mata seu pai, casa-se com sua mãe e tem filhos com ela.

[237] Filósofo cínico, século IV a.C., nascido em Tebas, estudou em Atenas, onde se tornou discípulo de Diógenes de Sinope. Famoso por ter se despojado de todos os seus bens e viver nômade na pobreza, sempre acompanhado por sua esposa Hipárquia, que o seguia em seus preceitos filosóficos.

[238] Eurípides, peça desconhecida. Nauck, *Trag. Graec. Frag.*, nº 962.

Esse é o comportamento dos amigos nobres; mas os sem nobreza e vis são os bajuladores daqueles estão em prosperidade, "Tal como as fraturas e distensões musculares", diz Demóstenes[239], "quando algum mal domina o corpo no momento em que ele se move", e esses apegam-se às vicissitudes, como que sentindo prazer e se alegrando com eles. De fato, se alguém necessitar de um lembrete naquelas circunstâncias, por causa de ele ter caído porque foi mal aconselhado, isto é o bastante:

Isso não foi conforme nosso pensamento;
na verdade, eu mesmo tentei muito
dissuadi-lo disso.[240]

29. Então, em qual circunstância um amigo deve ser veemente e quando deve utilizar o vigor da sua franqueza? Deve atacar quando for conduzido pelo prazer, ou pela cólera, ou pela insolência, os propícios exortam ou para impedir a avareza, ou conter uma vontade insensata. Assim, Sólon utilizou a sua franqueza com Creso, porque havia sido corrompido e se tornado arrogante pela sua prosperidade incerta, quando ele lhe pediu que visse o seu fim[241]; assim, Sócrates conteve Alcibíades, levou-o a verdadeiras lágrimas e comoveu seu coração, quando

---

[239] Orador ateniense, 384-322 a.C., nascido no demos de Peânia, considerado o maior de todos os oradores áticos. Para mais detalhes sobre a vida deste ilustre homem, consultar: Plutarco. *Vida de Demóstenes*.

[240] Homero. *Ilíada*, IX, 108.

[241] Episódio narrado em Heródoto. *Histórias*, I, 30-33 e Plutarco. *Vida de Sólon*, XXVII.

o censurou²⁴². Tais foram as palavras de Ciro²⁴³ para Ciaxares²⁴⁴, também de Platão para Díon, quando era o mais radiante e atraía todos os homens para si por causa da beleza e da grandiosidade das suas ações, aconselhou-o que fosse precavido e que temesse a "arrogância, que é vizinha da solidão."²⁴⁵ E ainda Espeusipo²⁴⁶ também lhe escreveu para que não se preocupasse muito se houvesse muita conversa sua entre os meninos e as mulheres, mas que examinasse como, com observância às leis divinas, à justiça e aos melhores costumes, adornava a Sicília e estabelecia a glória para a Academia. E ainda Eucto e Euleu²⁴⁷, companheiros de Perseu²⁴⁸, que sempre se encontravam para lhe prestar favores, estavam em sua companhia e consentiram com tudo, como o restante que o acompanhava; mas, depois de ter sido derrotado pelos romanos nas imediações de

---

²⁴² Platão. *O banquete*, 215e.

²⁴³ Rei da Pérsia entre 559-530 a.C., recebeu o epíteto de "o Grande", por ter conquistado todos os povos vizinhos e ter fundado o Império Aquemênida, o maior de seu tempo.

²⁴⁴ Segundo Xenofonte, Ciaxares era tio de Ciro. Nesse episódio, Xenofonte narra que Ciro provocou o choro de Ciaxares por tê-lo recebido com um beijo e o tratado bem, apesar de este ter-lhe feito oposição. Consultar: *Ciropedia*, V, 5.

²⁴⁵ Platão, *Cartas*, IV, 312c. Plutarco também cita essa frase em duas biografias da sua obra *Vidas Paralelas*. Consultar: *Vida de Díon*, VIII, 4, e *Vida de Coriolano*, XV, 4.

²⁴⁶ Filósofo, escolhido por seu tio Platão para ser o chefe da Academia, de 347 a 339 a.C.

²⁴⁷ Não dispomos de mais informações sobre essas personagens.

²⁴⁸ Rei da Macedônia, descendente dos Antigônidas, o último da sua dinastia, séc. II a.C.

Pidna[249], e depois ter fugido, eles o atacaram e o reprovaram com mordacidade, relembrando-lhe dos erros que havia cometido ou negligenciado, fazendo-lhe críticas injuriosas por cada um deles, até que, depois de ter sofrido muito, o homem matou a ambos com golpes do seu punhal.

30. Portanto, o que é comum a um momento propício assim está exposto; mas aquelas ocasiões propícias em que os próprios amigos muitas vezes oferecem, o amigo cuidadoso não precisa deixá-las de lado, mas utilizá-las; de fato, para alguns, uma pergunta, um relato, uma censura ou um elogio, semelhantes em outros, são tal como um prelúdio para o uso da franqueza. Por exemplo, conforme dizem que Demarato[250] foi para a Macedônia[251] à época em Filipe[252], que tinha uma divergência com sua mulher e o seu filho; depois de tê-lo saudado, Filipe quis saber dele como os helenos mantinham a concórdia uns com os outros; Demarato, que era um homem de bom senso e seu amigo

---

[249] Cidade da Macedônia onde ocorreu a famosa Batalha de Pidna, na qual os macedônios tentaram impor resistência ao domínio romano no Mediterrâneo, mas foram duramente derrotados, em 168 a.C, quando a região passou a integrar rol das províncias do Império Romano.

[250] Natural de Corinto, século IV a.C., conviva do palácio de Filipe II, era conhecido por sua sinceridade para com o rei. Plutarco registra essa característica de Demarato em seu tratado *Ditos de reis e generais*, 179C e na *Vida de Alexandre*, IX, 12-14. Do mesmo modo, Diodoro Sículo registra tal traço de seu caráter em *Biblioteca histórica*, XVII, 76, 6.

[251] Localizada na península dos Balcãs, na região sudeste da Europa.

[252] Trata-se de Filipe II, 382-336 a.C., rei da Macedônia, pai de Alexandre, o Grande e conquistador da Grécia. Quanto ao episódio de o dinheiro favorecer o rei da Macedônia, consultar: Diodoro Sículo. *História Universal*, XVI, 54 e Plutarco. *Vida de Paulo Emílio*, XII, 9-11.

íntimo, respondeu: "Ó Filipe, então, é muito belo que tu queiras saber sobre concordância entre atenienses e peloponésios, enquanto negligencias a sua própria casa, que está repleta com tamanha dissensão e divergência de opinião". E ainda foi bem Diógenes, que, depois de ter entrado no acampamento militar de Filipe, quando ele ia marchar em guerra contra os helenos, foi conduzido diante dele, mas ele não o conhecia, e Filipe perguntou-lhe se era um espião, ao que ele respondeu: "Muito, então, sou um espião. Ó Filipe, da tua falta de reflexão e da tua falta de racionalidade, por causa delas, porque não tens nenhuma obrigação, irás jogar dados, em uma única hora, com o teu reino e a tua vida". Então, isso talvez seja muito impetuoso.

31. Mas existe outro momento propício para a advertência: quando os indivíduos são censurados por outros em razão dos erros que cometeram, sendo humilhados e diminuídos. Aquele que é inteligente utiliza convenientemente isso para repelir os que estão lhe censurando e criticando, mas, em particular, ele mesmo se colocaria em contato com o amigo e o relembraria que, se não existe nenhum outro argumento como motivo, que ele deveria estar atento, para evitar que seus inimigos fossem arrogantes com ele. "Pois em que ponto é possível que eles abram a boca, e o que eles têm a dizer para ti, quando tu rejeitas isso e repeles as coisas que falam mal de ti?" Pois, assim, a dor origina-se daqueles que te censuram; mas o proveito, daqueles que te advertem. E alguns, de modo mais elegante, censuram os outros, referindo-se aos amigos íntimos; pois acusam os outros das coisas que aqueles fizeram e eles sabem. Mas o nosso mestre

Amônio[253], em um colóquio vespertino, quando percebeu que alguns dos seus discípulos haviam tido um almoço que não fora leve, ordenou ao seu liberto que desse umas chibatadas no seu próprio escravo, dizendo ainda que ele não poderia almoçar sem vinagre. E, ao mesmo tempo, prestou atenção em nós, de sorte que o castigo fosse apreendido pelos culpados.

32. Assim, então, deve-se ser cuidadoso ao utilizar a sua franqueza com um amigo quando se está entre muitos, como considerar o dito por Platão. Porque, depois de Sócrates ter criticado duramente um dos seus amigos íntimos enquanto conversava à mesa, Platão disse: "Não teria sido melhor se tivesses dito essas palavras em particular?". E Sócrates respondeu-lhe: "Não terias feito melhor, se tu tivesses dito essas palavras em particular?". E Pitágoras[254], de modo mais violento, pronunciou uma crítica a um rapaz, quando estava entre muitos, que se enforcou; mas, depois disso, Pitágoras jamais advertiu novamente outro na presença de alguém. Pois, como é próprio de uma doença inconveniente, a advertência e a revelação de um erro devem ser ditas em segredo, não com um discurso feito em público, nem com ostentação, nem reunindo testemunhas e espectadores. Pois não é amigável, mas sofístico, encher-se de boa fama com os erros alheios, embelezando-se para os que estão presentes, como os

---

[253] Amônio de Alexandria, filósofo neoplatônico, foi o mestre de Plutarco em Atenas, quando nosso autor iniciou seus estudos na cidade ática, por volta de 67 a.C.

[254] Filósofo e matemático, século VI a.C., nasceu em Samos e depois foi para Crotona, no sul da Magna Grécia, por volta de 513 a.C., onde fundou sua Escola. Embora não tenha escrito nenhum livro, seus pensamentos filosóficos influenciaram diversos filósofos, como Platão, por exemplo.

médicos cirurgiões que estão nos teatros para obter trabalho. E sem a insolência, que é justo não introduzir nenhum tipo dela no tratamento, e o que é rivalidade e arrogância deve ser observado por esse mal. Pois não é simplesmente

> *O amor censurado atormenta mais,*[255]

71B· conforme Eurípides, mas se alguém adverte outro na presença de muitos e não se arrepende, toda sua doença e todo seu sentimento se concentram no que é vergonhoso. Portanto, tal como Platão disse aos velhos que estavam prontos para inspirar respeito nos jovens que, em primeiro lugar, eles próprios seriam dignos disso, se respeitassem os jovens[256]; assim, a franqueza entre os amigos, que é envergonhada, enche-a mais de vergonha, e aproximar-se da gentileza com discrição e atacar o que comete erros, mina e destrói o vício, que se enche do que é respeitoso para que seja respeitado. Por isso, o melhor verso é:

> *Aproximava sua cabeça,*
> *para que outros não o percebessem,*[257]

71C· e convém menos expor o marido quando sua mulher está ouvindo, e o pai ao olhar de seus filhos, um amante, quando o seu amado está presente, ou um professor, quando seus alunos

---

[255] Eurípides, Nauck, *Trag. Graec. Frag.*, nº 665.
[256] Platão. *As Leis*, 729c.
[257] Homero. *Odisseia*, I, 157.

estão presentes; pois eles ficam perturbados pela dor e pela cólera, por terem sido envergonhados por aqueles que julgam dignos de ser honrados. E penso ainda que se Clito[258] não irritou tanto Alexandre por causa do vinho, porque parecia ter o costume de repreender Alexandre diante de todos os que estavam presentes[259]. E Aristômenes[260], o mestre de Ptolomeu[261], porque lhe deu um tapa para que acordasse, quando estava adormecido diante de uma embaixada que estava presente, forneceu uma ocasião aos bajuladores de fingir que estavam irritados em favor do rei e dizerem que: "Se tantas ocupações e insônias lhe fizeram cair no sono, nós devemos adverti-lo em particular, e não, ao contrário, descer-lhe as mãos diante de tantos homens". E ele ordenou que fosse trazida uma taça de veneno para que o homem a bebesse. E ainda Aristófanes[262] diz que Cléon[263] o acusava disto:

---

[258] Clito, o Negro, general macedônico morto em 328 a.C., irmão da ama de leite de Alexandre, o Grande. Clito tornou-se comandante da cavalaria real e ficou famoso por ter salvado a vida de Alexandre na Batalha de Granico, em 334 a.C.; no entanto, por causa de uma briga de bêbados em Maracanda, foi morto pela lança do próprio Alexandre, depois de insultá-lo.

[259] Episódio narrado por Plutarco em *Vida de Alexandre*, XLI.

[260] Tornou-se regente do Egito, nomeado pelo próprio rei Ptolomeu V, século II a.C., conforme relata Políbio em sua obra *Histórias*, XVI, 21.

[261] Ptolomeu V Epifânio, rei do Egito, 204-180 a.C., filho de Ptolomeu V e de Arsínoe III.

[262] Comediógrafo ateniense, 450-388 a.C., principal poeta da Comédia Antiga.

[263] Demagogo ateniense conhecido por se opor ao tratado de paz negociado por Nícias. Pereceu a mesma época do general espartano Brásidas na Batalha de Anfípolis, realizada em 422 a.C., o que favoreceu Nícias em seu intento de instituir a paz no conflito; ver Tucídides, *História da Guerra do Peloponeso*, V, 10. Em *Os cavaleiros*, de Aristófanes, também encontramos várias referências – negativas – a esse político ateniense.

> *Porque estrangeiros estão presentes,
> fala mal da cidade,*[264]

e os atenienses ficavam irritados. Por isso, devemos nos precaver também a esse respeito quando em companhia dos outros, para que não os exponhamos nem atraiamos o favor popular para nós, mas, de maneira proveitosa e cuidadosa, quando quisermos utilizar a nossa franqueza.

71E · E, sem dúvida, o que Tucídides[265] escreveu que os coríntios disseram sobre o que eles mesmos, que "são dignos de levar sua censura sobre os outros"[266], não disseram mal, e deviam estar presentes para que utilizassem sua franqueza. Pois Lisandro[267], como parece, disse para um dos megarenses que estava entre os seus aliados de guerra, depois de ele ter usado a sua franqueza sobre a Hélade, que suas palavras necessitavam de

---

[264] Aristófanes. *Acarnenses*, 503.

[265] Historiador e general ateniense, 460-400 a.C., autor da *História da Guerra do Peloponeso*, em que relata o combate entre atenienses, espartanos e seus respectivos aliados, iniciado em 431 a.C. Contudo, Tucídides não completou sua obra. Sua narrativa sobre os acontecimentos é interrompida no inverno de 411-410 a.C.

[266] Tucídides. *História da Guerra do Peloponeso*, I, 70.

[267] General espartano, morto em 395 a.C., conhecido por ter derrotado a frota naval de Alcibíades, um grande feito, pois os atenienses eram tidos como exímios marinheiros. Mais tarde, aliou-se ao rei persa Ciro, o Jovem, e com sua ajuda venceu novamente os atenienses na batalha naval do Helesponto, em 405-404 a.C., selando a vitória espartana na Guerra do Peloponeso. Plutarco redigiu uma biografia sobre o espartano. Consultar *Vida de Lisandro*. Como Tucídides morreu antes da conclusão da Guerra do Peloponeso, não dispomos de seu relato sobre o desfecho do embate, que pode ser lido nas *Helênicas*, de Xenofonte.

uma cidade²⁶⁸; mas a franqueza igualmente necessita de qualquer homem de caráter, o que é mais verdadeiro quando se diz isso a respeito daqueles que advertem e corrigem os outros. Então, Platão disse que advertia Espeusipo pelo seu modo de vida, como, sem dúvida, quando Xenócrates²⁶⁹ olhava Pólemon²⁷⁰ somente em uma conversa e ele o olhava de volta, ele o converteu e o mudou. E ainda que o caráter do homem leviano e malévolo tenha em seu discurso apreendido o uso da franqueza, é possível ouvir, além disso, que:

> *Médico dos outros, quando tu mesmo*
> *estás coberto de chagas.*²⁷¹

33. Mas, sem dúvida, visto que os próprios malévolos não deixam de estar em companhia de outros da mesma natureza, os acontecimentos os impelem frequentemente a adverti-los, o

---

²⁶⁸ Plutarco cita esse episódio ainda na *Vida de Lisandro*, XXII, 1-2, em seu tratado *Ditos de Reis e Generais*, 190F, e ainda na *Vida de Temístocles*, XI, 5.

²⁶⁹ Filósofo nascido na região da Calcedônia, 395-314 a.C., que passou a maior parte da sua vida estudando na Academia de Platão, da qual se tornou o seu terceiro chefe em 399 a.C., depois de Espeusipo. Autor de mais de setenta obras que, no entanto, não chegaram até nós, cuja temática abrangia a lógica, a física e a ética.

²⁷⁰ Descendente de família nobre ateniense, séc. IV a.C., Pólemon foi discípulo de Xenócrates. Antes disso, era conhecido por suas bebedeiras e sua vida dissoluta. No entanto, após ter recebido os ensinamentos de seu mestre, passou a ter uma vida regrada, a ponto de se tornar chefe da Academia em 314 a.C., por designação do próprio Xenócrates.

²⁷¹ Eurípides, Nauck, *Trag. Graec. Frag.* nº 1086, p. 807. Fragmento de uma peça desconhecida. Verso citado também em *Como Tirar Proveito dos seus Inimigos*, 88D.

modo mais conveniente seria o que está envolvido e o que inclui na censura aquele está censurando quem se serve da sua franqueza; nessa circunstância, diz-se também isto:

> *Filho de Tideu[272], que sofremos para que tenhamos esquecido da impetuosa coragem?*[273]

72A · Também este:

> *Agora não temos o valor de um único Heitor*[274].[275]

Também Sócrates censurava assim, sem vacilar, os jovens, como se ele próprio não estivesse livre da ignorância, mas, em companhia daqueles, pensava que deveria cultivar a virtude e procurar a verdade; de fato, aqueles que cometem os mesmos erros têm benevolência e confiança, e corrigem seus amigos como pensassem neles mesmos. Mas aquele que se vangloria no momento em que castiga o outro, como, de fato, fosse alguém autêntico e incólume, a não ser que tenha uma idade muito avançada e que tenha qualquer virtude, concorda-se que tenha valor
72B · e reputação, mostra-se como um ser odiado e insensível, que não

---

[272] Consultar notas 118 e 119.

[273] Homero, *Ilíada*, XI, 313.

[274] Filho de Príamo e de Hécuba, o primogênito do rei e da rainha de Troia. Herói troiano famoso por sua força física e habilidade guerreira. Durante o tempo em que Aquiles esteve fora do combate, Heitor dizimou parte do exército grego.

[275] Homero, *Ilíada*, VIII, 234.

é útil em nada. Por isso, com artifícios, Fênix[276] colocou os seus próprios infortúnios, pela cólera, empreendeu eliminar seu pai e rapidamente mudou de ideia,

> *Para que não fosse chamado*
> *de parricida entre os aqueus,*[277]

a fim de que não parecesse que advertia aquele, porque ele próprio havia cometido um erro, por ter sido insensível e movido pela cólera. Pois se veste moralmente com sentimentos dessa natureza, e eles parecem que são mais semelhantes em seus sentimentos, mas não aos que parecem desdenhar. Visto que uma luz brilhante não deve ser levada para o olho que está inflamado, nem uma alma sujeita a paixões aceita a liberdade de expressão e a advertência pura, nas circunstâncias mais úteis existe o que é próprio dos que socorrem, a mistura do elogio tolerável, como nestes versos:

> *Vós, ainda não é belo abandonardes*
> *vossa impetuosa coragem, todos sois os melhores*
> *do exército. Eu mesmo não combateria contra*
> *um homem que abandonasse a guerra*

---

[276] Filho de Amintor, rei de Éleon, na região da Beócia. O nome de sua mãe varia entre os autores, Hipomania, Cleobula ou Alcímede. O pai de Fênix tinha uma amante chamada Clícia ou Ftia, que foi seduzida por ele, a pedido de sua mãe. O pai ficou furioso quando soube do fato e cegou o próprio filho, que procurou a ajuda de Peleu. Este o levou à presença de Quílon, que o curou; depois disso, o herói participou da Guerra de Troia ao lado de Aquiles.

[277] Homero. *Ilíada*, IX, 461.

> *por ser covarde; mas me irrito convosco*
> *no fundo do coração.*[278]

e

> *Pândaro*[279]*, onde estão o teu arco e*
> *as tuas flechas aladas, e tua glória, pelo*
> *que ninguém aqui te desafia?*[280]

E claramente estas palavras encorajam muito aqueles que estão desencorajados:

> *Onde está Édipo*[281] *e seus gloriosos enigmas?*[282]

E

---

[278] Homero. *Ilíada*, XIII, 116-119.

[279] Filho de Licáon; aprendeu a usar arco e flecha com o deus Apolo, o exímio flecheiro, o que lhe tornou famoso por suas flechadas precisas. Chefe do exército tróade, auxiliou Príamo na guerra contra os helenos.

[280] Homero. *Ilíada*, V, 171-172.

[281] Filho de Jocasta e de Laio, que, após um oráculo, foi abandonado e adotado pelos reis de Corinto. Quando retorna à sua cidade natal, sem saber de sua ascendência, assassina seu pai, Laio, (em sua viagem) e se casa com sua mãe, Jocasta, tendo quatro filhos com ela, a saber: Etéocles, Polinices, Antígona e Ismene. Há uma tragédia composta por Sófocles a qual narra o mito de Édipo, que é parte integrante de uma trilogia em que realiza o desdobramento do mito, também conhecida como Trilogia Tebana (*Édipo Rei, Antígona* e *Édipo em Colono*).

[282] Eurípides. *Fenícias*, 1688.

> *De fato, Héracles, que muitas
> coisas suportou, diz isto?*[283]

72D · Pois não somente se diminui a dureza e a insistência da censura, mas também introduz o zelo por si próprio, por sentir-se envergonhado pelas suas ações censuráveis, lembrará das belas ações, fazendo de si mesmo um exemplo das melhores ações. Quando, por exemplo, estabelecemos comparações com outros ou com as mesmas idades, ou com os cidadãos, ou com os parentes, é fatigante e se exaspera a rivalidade própria do vício, e a isso muitas vezes está acostumado a gritar em resposta com cólera: "Por quê, então, não vais para o lado dos que são mais poderosos que eu, e não deixas de lado os meus assuntos?". Portanto, deve ser evitado, quando se utiliza a liberdade de expressão, que se elogie uns diante de outros, a não ser que, por Zeus, sejam seus pais. Com Agamêmnon:

72E · *Tideu gerou um filho pouco parecido contigo,*[284]

também Odisseu, na tragédia *Os Círios*[285]:

> *E tu, para desonrares a luz brilhante da tua raça, fias
> a lã, nascido do melhor pai dentre os helenos?*[286]

---

[283] Eurípides. *Héracles Furioso*, 1250.
[284] Homero. *Ilíada*, V, 800.
[285] Tragédia e autor desconhecidos.
[286] Nauck, *Trag. Graec. Frag. Adesp.* nº 9.

34. Mas é menos conveniente que o advertido advirta e responda com o uso da sua franqueza; pois rapidamente incendeia e produz a discórdia; e, em geral, não pareceria que está respondendo com sua franqueza, mas que sua franqueza não é suportada, o que é próprio tal altercação. Portanto, é melhor suportar o amigo que pensa que o está advertindo; pois, se mais tarde, ele próprio comete um erro e necessita de uma advertência, e isso em si é um modo de ter sua franqueza que concede uma franqueza. Pois, tendo essa lembrança, sem qualquer ressentimento, de que ele próprio está acostumado a fingir que não percebeu que seus amigos cometeram um erro, mas a censurá-los e a corrigi-los, mais confiará e receberá a correção como algo próprio da benevolência e da graça, não como uma retribuição de uma censura nem da cólera.

35. Portanto, ainda Tucídides afirma: "Quem decide corretamente empreender assuntos importantes recebe a inveja"[287]; mas ao amigo convém receber a advertência por assuntos onerosos e suportá-la fortemente pela sua importância. Mas, se o sofrimento for com todos e em todos os assuntos, e se não for amigável, mas for à maneira de um preceptor, quando lhe dirige suas advertências, menos agudas e sem eficiência serão suas advertências nos momentos importantes, como o médico que receita um remédio cáustico ou amargo, como algo necessário e magnificente para muitos sintomas, também nos pequenos e desnecessários, fazendo uso para distribuir a sua franqueza. Portanto, ele próprio fortemente vai se proteger do que é contumaz e

---

[287] Tucídides. *História da Guerra do Peloponeso*, II, 64.

censurável; e se outro se comporta com mesquinhez a respeito de todos os assuntos e puser defeito em tudo, como um prelúdio, terá argumento para os maiores dentre os erros que foram cometidos. De fato, o médico Filótimo[288], para um homem que sofria de um abcesso no fígado, apontando para ele o seu dedo machucado, disse: "Tu, meu caro amigo, não faças um discurso por causa de uma inflamação". Portanto, o momento propício concede ao amigo responder para aquele que o acusa de coisas pequenas e sem nenhum valor o seguinte: "Por que estamos falando de brincadeiras, bebidas e frivolidades? Tu, meu caro amigo, que mandes embora a tua cortesã e pares de jogar dados; quanto aos outros assuntos, és um homem admirável para nós".

73C · Pois aquele que recebe indulgência nos pequenos assuntos não concede com sentimentos desagradáveis a sua franqueza nos grandes assuntos; enquanto aquele que sempre faz oposição, que a todo momento é mordaz e desagradável, que conhece tudo e que se intromete em tudo, não deve tolerar nem com seus filhos, nem com seus irmãos, mas isso também é insuportável com os escravos.

36. Visto que nem tudo que pertence à velhice é terrível[289], conforme Eurípides, nem é terrível tudo o que pertence à tolice

---

[288] Amigo de Plutarco. Convém ressaltar que nosso autor reserva especial tratamento aos médicos. Supomos dois motivos: seu avô Lâmprias (*Vida de Antônio*, XXVII, 3) e seu bisavô Nicarco (*Vida de Antônio*, LXVII, 7) eram médicos; além disso, muitos romanos tratavam os médicos helenos como charlatães ou curandeiros, porque utilizavam ervas e banhos para tratar os pacientes. Outro dado relevante é que os médicos do Império Romano eram em sua maioria de origem helênica.

[289] Eurípides. *Fenícias*, 528.

dos nossos amigos, devemos não somente prestar atenção naqueles quando erram, mas também quando fazem coisas certas, e, por Zeus, o primeiro a elogiá-los com boa vontade; quando como o ferro é endurecido com seu resfriamento, e recebe a têmpera depois de ter sido amolecido antes pelo fogo e se tornado flexível; assim, quando os nossos amigos ficam de bom humor e calorosos por nossos elogios, como têmpera firme, conduz a sua franqueza. Pois o momento propício concede a oportunidade de dizer: Será que é justo comparar aquelas ações com essas? Vês tais frutos que o que é belo produz? Nós, seus amigos, pedimos-te isso, isso é apropriado para ti, para isso nasceste; mas aquelas ações devem ser repelidas com horror

> *Para uma montanha ou para uma*
> *onda do mar rumorejante.*[290]

Pois, como um médico que tem sentimentos nobres poderia querer abrandar a doença do seu paciente com mais sono e alimento que com óleo castóreo e escamônio, assim o amigo que é gentil, um pai honroso e um professor elogia mais que censura, ele se alegram por utilizar isso para corrigir o seu caráter. Pois não existe nada mais que torne menor a dor e, principalmente, que traga a cura que se poupar da cólera no caráter e com a benevolência para aproximar-se daqueles que cometem erros como o uso da franqueza. Por isso, não se deve acusar com mordacidade aqueles que negam, nem impedir aqueles que se defendem, mas

---

[290] Homero. *Ilíada*, VI, 347.

também, de uma maneira ou de outra, ajudá-los a encontrar alegações elegantes e a afastar o pior motivo para conceder-lhes um mais respeitável, como Heitor:

> *Transtornado, não é belo incutir*
> *em teu peito esta cólera,*[291]

73F · disse para o seu irmão, como se não fosse uma deserção nem uma covardia, mas por sua cólera que ele se retirou da batalha. Também Nestor[292] disse para Agamêmnon:

> *Mas tu cedeste ao teu ânimo altivo.*[293]

Pois penso que a maneira mais ética é, em vez de dizer "cometeste uma injustiça", dizer "tiveste um mau comportamento"; e "não prestaste atenção", em vez de "ignoraste"; e ainda dizer 74A · "não brigues com teu irmão", em vez de dizer "não invejes teu irmão"; e "foge da mulher que te arruína", do que "pare de arruinar a mulher"; pois esse tipo de comportamento é a franqueza que procura a cura, mas a que é voltada para a ação atua de modo contrário. Pois, quando se deve dissuadir, ou os que têm intenção de errar, ou os que se posicionaram pelo sentido contrário, porque foram levados por um impulso violento, ou quando

---

[291] Homero. *Ilíada*, VI, 326.

[292] Filho de Neleu, rei de Piro, e de Clóris, descendia de Posídon por parte de pai. Nestor era conhecido como conselheiro, também respeitado por ser um sábio ancião.

[293] Homero. *Ilíada*, IX, 109.

queremos estimular e sustentar a atenção para as coisas belas os que são indolentes e sem ânimo, devemos fazer conhecer os motivos absurdos e não sermos convenientes ao que aconteceu. Como Odisseu, quando provoca Aquiles na peça de Sófocles, diz que não estava encolerizado por causa do jantar, mas

> Já, ele retrucou, estás temente,
> por observar as muralhas de Troia,[294]

e além disso, quando Aquiles estava tomado pela indignação e dizendo que iria zarpar, outra vez disse:

> Eu sei o que evitas, não para teres
> má reputação, mas por Heitor, que está
> próximo; não é bom permaneceres.[295]

Portanto, quando intimidamos um homem cheio de ardor e viril com o julgamento de covardia, outro que é prudente e moderado com o de licenciosidade, aquele que é livre e magnânimo com o de ser mesquinho e avarento; no momento em que os estimulamos para as coisas virtuosas e os retiramos das viciosas, os que são comedidos procuram isso em si mesmos nos momentos perniciosos, quando têm nesse momento a franqueza, onde existe mais dor e sofrimento que a censura, e nessas repressões daqueles que cometeram erros e nos combates das paixões, ele são incisivos,

---

[294] Sófocles. Nauck, *Trag. Graec. Frag.* nº 141.
[295] Ibid.

implacáveis e firmes, pois, esse momento oportuno é próprio da benevolência imperecível e da verdadeira franqueza. E porque vemos nossos inimigos se servirem da censura das ações realizadas no passado uns contra os outros, como Diógenes disse que aquele que tem a intenção de se salvar deve ter bons amigos e inimigos ardentes; pois uns vos ensinam, e outros vos reprovam. E é melhor precaver-se dos erros, obedecendo aos conselhos, do que se arrepender por ter cometido um erro, depois de ter ouvido maldades. E, por isso, deve-se praticar a franqueza com arte, na medida em que é o maior e mais poderoso remédio para a amizade, que, todavia, necessita sempre ter a medida do poder, da habilidade de aproveitar a ocasião e do momento propício.

37. Então, visto que, tal como já foi dito, muitas vezes a franqueza é dolorosa para aquele que está sendo curado, deve-se imitar os médicos; pois se estes, quando operam, não abandonam o que está sofrendo no momento do padecimento e da dor, mas banham-no e fazem compressas com cuidado, e aqueles que advertem com civilidade não se retiram depois de terem lançado censura mordaz e cruel, mas, com outros argumentos persuasivos e palavras convenientes, acalmam e a diluem, como os escultores que fazem o polimento e dão brilho às estátuas que foram cortadas e talhadas. Mas aquele que foi atingido e exasperado pela franqueza, e inflamado por contusão e luxações, instável pela cólera, novamente fica inconsolável e difícil de ser acalmado. Por isso, também aqueles que fazem as advertências devem se precaver, sobretudo, nessas circunstâncias, e não abandoná-los antes, nem estabelecer o fim da reunião e do encontro pela dor e pela provocação aos seus amigos íntimos.

Bibliografia

Edições e traduções consultadas

PLUTARCH. *How to tell a flatterer from a friend. Moralia II*. Translated by Frank Cole Babbitt. Cambridge/Massachusetts/London: Harvard University Press, 2005.

PLUTARCHUS. *De adulatore et amico. Moralia I*. In: PANTON, W. R.; WEGEHAUPT, I.; et POLENZ, M. (Eds.). Leipzig: Teubner, 1974.

PLUTARCO. *Como distinguir um bajulador de um amigo*. Tradução do grego. Introdução e notas de Paula Barata Dias. Coimbra: Centro de Estudos Clássicos e Humanísticos, 2010.

_____. *Cómo distinguir a un adulador de un amigo*. Traducción, introducctión y notas por Morales Otal y José García López. Madrid: Editorial Gredos, 1992.

PLUTARQUE. *Moyens de distinguer le flatteur d'avec l'Ami. Ouvres Morales. Tome I.2*. Texte établi et traduit par Robert Klaerr, Andre Philippn et Jean Sirinelli. Paris: Les Belles Lettres, 1989.

Livros e artigos

GRIFFIN, Miriam. De Beneficiis and Roman Society. In: *The Journal of Roman Studies*, vol. 93, 2003. p. 92-113.

JIMÉNEZ San Cristóbal, Ana I. La noción de amistad en el *Adulatore et Amico* de Plutarco. In: *Cuardernos de Filología Clásica. Estudios Griegos Indoeuropeus*, vol. 11, 2001. p. 255-277.

KONSTAN, David. *Friendship in the classical world*. Cambridge: Cambridge University Press, 1997.

KONSTAN, David. Greek Friendship. In: *The American Journal of Philology*, vol. 117, nº 1, 1996. p. 71-94.

MÍGUEL, Roberto A. La Influencia de la Tradición Clásica en la Reflexión de Plutarco sobre la Amistad. In: JUFRESA, M.; MESTRE, F.; GÓMEZ, P.; GILABERT, P. (Eds.). *Plutarc a la seva época: Paideia i societat (Actas del VIH Simposio Internacional de la Sociedad Española de Plutarquistas, Barcelona, 6-8 nov. 2003)*. Barcelona: Universitat de Barcelona, 2005. p. 185-190.

MOSCONI, Gianfranco. Governare in Armonia: Strutura e Significato Ideologico di un Campo Metaforico in Plutarco. In: CASTALDO, D.; RESTANI, D.; TASSI, C. (a Cura). *Il Sapere Musicale e i suoi Contesti da Teofrasto a Claudio Tolemeo*. Ravenna: Longo Editore, 2009. p. 105-128.

PUECH, Barbara. Prosopographie des amis de Plutarque. In: *Aufstieg und Niedergang der römischen Welt*. Band 33.6, 1992. p. 4829-4893.

SWAIN, Simon. Character change in Plutarch. In: *Phoenix*, vol. 43, nº 1, 1989. p. 62-68.

VAN DER STOCKT, Luc. A Plutarchan hypomnema on self-love. In: *The American Journal of Philology*.v. 120, n. 4, 1999. p. 575-599.